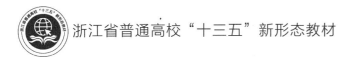
浙江省普通高校"十三五"新形态教材

U0600826

Operation and Management of Business Chain Hotel

商务连锁酒店运营与管理

徐春红　唐建宁 / 编著

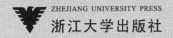
ZHEJIANG UNIVERSITY PRESS
浙江大学出版社

1998年，我从杭州大学旅游学院本科毕业，对于目前所从事的行业来说算是所谓的正宗科班出身。此后的9年时间一直在高职院校的旅游管理专业任教，当时总感觉心有戚戚，哪怕后来去读了个研究生，也觉得无论从实践经验还是业务能力都难以带给那帮以职业为导向的小朋友更多东西。2007年，我毅然踏入职场闯荡，从五星级酒店的HRM爬到集团HRD，升到集团总办主任，又做到连锁酒店公司的常务副总，这样一眨眼又过去了9年时光。在产业发展的时代感召下，我内心的野马一直想把自己往独立跑道上带，终于在2017年我组团建立了自己的连锁酒店管理品牌，并在短短2年时间内发展到了近30家的规模体量。当然我们的目标远不止于此，看来后9年我又有很多事可以干了，希望这一次可以干得更久一点。

说了那么多个人经历，只是想说我赶上并经历了我们国家酒店产业上升发展的黄金期。在世界上，每一次产业革命或战火烽烟后必然伴随着酒店业的一次新生，从客栈时代到大饭店时期，再到商业饭店和现代饭店阶段，皆有规律可循，唯独中国不是，这是由时代造成的，我们不能求全责备。但庆幸的是我们有一个伟大的祖国，从20世纪70年代开始，中国酒店业的发展可以用飞跃式来形容，从招待所到"全国饭店学建国"，再到现在的多业态百花齐放，中国的酒店行业用短短的四十几年时间完成了国外两百多年的发展历程，我辈甚幸。前人栽树，后人继续栽，前人摸着石头过河，后人摸着同样的石头过河，酒店行业就是这样一个磨人的地方，与安逸享乐绝缘，更没有捷径可循。它讲求军事化管理，但又充满了人文关怀；它提倡勤俭内敛，但又推崇竭尽所能；它对内严厉苛责，但又倡导礼众利他。这不是精神分裂，而是一种人生历练。能在酒店行业待上1年，你只能算是刚入门；待上

3年的就不是一般人了；能待5到10年的是能人；待上10到20年可以说是高人了；能待20年以上的那些人，可以说是真正的酒店行业的接班人了。这么多年在酒店行业的摸爬滚打，酒店事业让我深深迷恋，无法割舍。我在酒店擦过马桶铺过床，跑过菜摆过盘，做过人力资源管过运营，入得办公室写文案，出得工地做筹建……回想起来，貌似一把辛酸泪，却心怀感恩和敬畏。我很想对当年的那个自己说：感谢你的执着和坚持。当下，高端酒店、精品酒店、经济型酒店、中档酒店、民宿、公寓层出不穷，这么丰富的酒店业态类型和庞大的消费市场，完全是由我们国家的经济发展总量和国民消费水平的提升来决定的。据相关机构数据显示，预测在2023年中国旅游行业总收入将突破10万亿元，旅游业显然已成为我国经济发展的新引擎。当年大学课堂上老师说过，旅游业是永远的朝阳产业，我一直深信不疑。

说了产业发展背景，再来看一下酒店行业的从业现状。浮躁、焦虑、自卑的情绪广为弥漫，想赚快钱的企业乐于"套现"，急于"求成"，忙于"挖人"，不愿意在人员培养上付出太多，从而造成酒店行业的人才流失日趋严重。再加上行业内企业大都不注重对人才的培养和投入，导致整个行业的人才稀缺度越来越高。随之而来的，是酒店行业综合服务品质的不断下降、顾客对酒店体验感的不断降低、酒店人敬业心的不断消逝，长此以往陷入了恶性循环。

真正的酒店业是一个讲究细节服务、讲究跟人们的生活方式与时俱进、讲究不断刷新客户美好体验的行业，这意味着从业者要具备优秀的职业意识、职业思维、职业能力和职业道德，付出更多辛勤的劳动。只有在这样一批有情怀、有追求、能坚持的酒店人的共同努力下，才能打造出中国酒店业真正的未来。作为一个在旅游教育和酒店行业20余年的从业者，我始终认为在这个行业里，我们既要仰望星空，更要脚踏实地。用你的热情和热血，和一大批"专注、用心、坚持"的酒店从业者们，为中国酒店业更加美好的明天共谱新篇吧！

唐建宁

2020年5月

随着我国旅游经济从大众旅游的初级阶段逐渐向自由行、休闲度假的旅游模式演变，本土商务出行住宿需求为商务连锁酒店业态发展提供了坚实的市场基础和广阔的产业创新空间；另一方面，高星级酒店的消费人群范围较窄，老一代经济型快捷酒店产品老化，而且面临众多的问题，为处于中端酒店市场的商务连锁酒店新业态发展带来了极大的机遇。而中等收入阶层的崛起，顾客消费水平的提升，高性价比、强主题性和设计感的商务连锁酒店产品恰好满足了这部分新兴崛起的消费者群体的消费升级需求以及住宿个性化需求，从而使得自2015年以来的中端酒店市场，包括商务连锁酒店新业态开始蓬勃兴起。

无论是本土酒店集团，诸如华住酒店集团的"全季"品牌，如家酒店集团的"如家精选""和颐"品牌，亚朵酒店集团的"亚朵"品牌，以及铂涛酒店集团旗下的"丽枫""喆·啡""ZMAX潮漫""希岸"等品牌，锦江集团的"锦江都城"等中端商务连锁酒店品牌，还是外资酒店集团，诸如希尔顿集团的"花园"，喜达屋旗下的"雅乐轩""源宿"，凯悦旗下的"嘉轩""嘉寓"等商务连锁酒店品牌均以破土之势在中国城市布点。可以说商务连锁酒店产业的发展将是酒店业未来十年的重头戏，而"商务连锁酒店运营与管理"课程的开发和建设，以及商务连锁酒店运营与管理人才的培养，将是当下高等院校酒店管理专业亟待考虑及重视的关键问题，而本《商务连锁酒店运营与管理》新形态理论与实践一体化教材则有效地诠释了高等院校校企合作共同培养行业产业急需人才的实践探索之路，是一本不可多得的源于实践、用于实践又高于实践的集高等院校专业教材、行业企业培训手册、连锁经营创业实践参考书于一体的实用性图书。

本书的特色：

1.本书将传统教材的学科系统性、全面性、科学性、具体性与以互联网时代新媒体技术为支撑的新形态教材的可视性、互动性、生动形象及可持续更新的动态数据库优势完美结合，从而确保阅读者可以获得系统全面又生动灵活的教学资源，是学习商务连锁酒店运营与管理理念和知识的有效途径。

2.本书引导阅读者系统地学习并掌握商务连锁酒店门店筹建、经营及管理等各个运营环节。以筹建经营一家商务连锁酒店门店为任务项目，介绍商务连锁酒店产业的发展背景和发展趋势，围绕商务连锁酒店门店筹建、运营与管理任务，以门店筹建、各部门运营管理、门店日常业务运营管理等各项工作流程及核心操作技术为学习脉络，通过4章33个模块，为旅游管理专业、连锁经营管理专业以及其他管理类专业学生及广大致力于成为一名合格商务连锁酒店运营管理人员、连锁企业运营管理人员以及连锁企业创业者量身打造的一本全面、专业且深具实践内涵和原创意义的新型教材。

3.本书将线上线下教学资源紧密结合，教材图文并茂，配有二维码，读者可以扫码获得教学视频资源及辅助材料。以商务连锁酒店门店筹建运营为大项目，将33个教学专题贯穿其中，教学目标明确，操作流程清晰，辅助材料充分，考核任务明晰，既较好地承担起该门课程实训类辅导教材的任务，又是一本商务连锁酒店经营管理经验积累的经典之作，并且融入中端精品酒店类型的阐述和分析，具有强烈的时代意义。

本书的撰写由宁波青藤酒店集团和宁波轩和文旅企业管理有限公司全

程参与，同时得到了宁波墨憩精品酒店、四季青藤酒店（蓬莱店、印象城店）、宁波亚朵酒店（南商店、天一店）、宁波花缘丽舍酒店等企业的大力支持，在此深表感谢！

由于笔者水平有限，本书可能存在一些不足之处，敬请各位读者朋友及专业人士批评指正、交流促进。

CONTENTS
目录

第一章 概　论

第一节　商务连锁酒店概念

专题一　连锁酒店的概念

案例导入：从辉煌到没落，甬港饭店挥手说再见

在宁波帮的重要人物，香港实业家、香港中华总商会原会长王宽诚的提议下，甬港饭店于1979年12月动工，1982年4月建成开业，建筑面积4326平方米，有客房83套。按照《宁波市志》说法，此饭店"由甬港联谊会得名"。几经改造、扩建后，甬港饭店成了甬城"老字号"的涉外饭店，也是最早的三星级酒店之一，在1995年以前，一直算得上是宁波最高档的酒店之一。在当时，宁波的华侨饭店、亚洲华园宾馆、金龙饭店和甬港饭店是宁波最高端酒店的代表。

2014年11月12日，鄞州区政府批复甬港饭店资产处置和理顺职工劳动关系的实施方案。据文件披露，2013年甬港饭店亏损446万元，2014年4月起停止婚宴、会议预订，截至2014年9月底，累计亏损781.9万元，折算下来，已资不抵债。为何曾经辉煌的甬港饭店会到如此不堪的境况？设备设施老化、国有体制的束缚、大环境因素，成为甬港饭店难以为继的主要原因。据了解，甬港饭店共有273名员工，其中有将近200人为事业编制人员。酒店关门，仅员工遣散，就花了3800万元。而酒店硬件上，更是有十年时间没有重新装修改造，设备设施老化严重，若要继续经营，只有投入改造一条路。"有这么好的地段、这么好的牌子，接盘的人很有可能会选择重新开酒店，如果做其他产业，还是挺可惜的。"一位酒店业内人士表示，甬港饭店这块牌子，如果真的就此在宁波消失，确实是个不小的遗憾。

（摘自凤凰网宁波综合，2015年1月13日）

学习目标

1. 了解星级饭店转型的迫切性及转型将会遇到的困难等知识点；
2. 掌握星级饭店转型应具备的思路等知识点；
3. 了解饭店品牌分类及代表品牌等知识点。

■ 连锁酒店的概念

众所周知，目前中国旅游业已经进入传统业态的转型升级阶段，随着消费群体

个性化、特色化理念的提升，消费意识及消费水平的增强，旅游新业态也随之蓬勃兴起。而酒店业作为旅游业的三大支柱产业之一，是最先进入产业转型升级、突破传统业态、不断涌现新业态的旅游核心产业。其中，商务连锁酒店的出现，可谓是酒店新业态中势如破竹、欣欣向荣、蓬勃发展的一个缩影。

早在2014年的时候，中国旅游饭店协会会长张润钢就曾经表示2014年对于中国酒店业来说将是一个转型与品牌发展的关键年。

2014年的中国酒店业有3个关键词：转型、兼并及品牌发展。

中国酒店业长期以来重要的消费支柱——公款消费，从2013年开始不复存在。尤其是在《十八届中央政治局关于改进工作作风、密切联系群众的八项规定》出台以后，原本依赖公款消费生存的部分酒店产生了极大的生存危机，所以从2013年开始，很多类似的消费市场就开始逐渐萎缩，并且出现了单体酒店及集团酒店之间的兼并现象。

以浙江省为例，在2014年年底网易财经公布，浙江省有19家星级酒店挂牌出售。其中挂牌出售价，最低1亿元，最高5亿元，出现了一股星级酒店抛售潮。

在2014年，宁波也出现了8家星级酒店关门或转让的情况，同时，杭城高端酒店遇冷，业内人士当时就分析说，行业立马会出现一股低价竞争的趋势，整个星级酒店业及高端酒店业面临着巨大的危机及被迫转型。

一、星级饭店转型面临的困难

在高星饭店转型过程中，不可忽视的是，不是所有的星级饭店均能顺利转型，转型过程中会面临三大困难：

首先，饭店企业固定资产投入大，折旧率高，对于现有的存量资产，短时间内转型较为困难。

其次，饭店企业属于劳动密集型产业，利润低，再生产投入能力不足。饭店企业最为明显的特点，即"三高一低"：能源成本高、人力成本高、物业成本高，利润率较低。星级酒店的能源成本占到企业营业额的10%~15%；人工成本占到企业营业额的15%~25%；物业成本，即租赁成本，占到企业营业额的20%~30%；而利润率平均水平仅占到企业营业额的5%~10%，而这一比例已经属于较好的业绩。

再次，消费者的消费习惯，在短时间内较难改变。如果让这部分消费群体在短时间内改变其消费习惯，需要做出效果较为显著的引导及宣传。

综合上述情况可见，星级饭店转型的难度是客观存在的。行业的转型该如何有效地实施？该往哪个方向转？这些都是当时业界迫切想要解决的问题。

二、星级饭店转型应具备的思路

星级饭店企业的转型，需要具备以下5条转型发展思路：

（一）主动创造新的需求，满足消费者休闲度假和主题特色需求

因为星级饭店企业所面临的最明显的问题，就是目标市场需求的萎缩，所以，必须创造新的需求。而针对国民消费意识的增强，个性化消费理念的深入，中国的饭店行业开始在休闲度假、主题文化、精品特色及民宿等细分消费市场进行探索，而这些细分的行业产品也是近阶段主要的发展主题及热点，换句话说，在星级饭店企业的转型过程中，细分产品及市场的探索及引导非常重要，只有主动地去创造及引导新的需求，才能更为有效而健康地促进产业、行业的发展。

（二）实施、建立广泛的营销合作伙伴战略

线上、线下两条渠道构建合作伙伴关系，在B端和C端搭建桥梁，让消费者有更多的渠道进行饭店产品的选择，另一方面，也使得饭店企业能够跟上时代的步伐，开辟线上网络营销的战场，让企业文化、产品及特色能为更多的消费者所熟悉并接纳。

（三）充分利用闲置资源，实施饭店组合营销战略

组合营销战略，即饭店行业把现有的产品进行不断优化和升级，并且进行重组。例如：把企业内部客房产品和餐饮产品进行组合；可以将集团内部高星级酒店与经济型酒店进行组合；或是将酒店产品与行业内其他领域的产品进行组合；与景区产品进行组合，形成"酒＋景"组合；与旅行社产品进行组合，形成"酒＋旅"组合；等等。

通过这种方式，打通各种资源合作重组渠道，从而产生更高的行业综合价值，这也是现阶段旅游企业进行产品重组优化的一种有效方式。

（四）实施饭店品牌、品质与标准化建设一体化战略

饭店企业必须正确认识饭店品牌、品质与标准化之间的关系，从而构建三者的"一体化战略"建设。这是更好地发展集团化企业的关键问题。在集团化企业的发展过程中，品牌的梳理、品质的提升以及标准化建设可谓"并驾齐驱"，三者的一体化建设与发展对于集团化企业的整体对外形象塑造、会员体系建设、营销渠道合作，均会提升整体优势，并且对于消费市场的引导、会员导入体系以及营收达成均会产生巨大的积极影响。

（五）实施兼并收购与特许经营"双管齐下"战略

在构建饭店成功的盈利模式基础上，饭店可实施兼并收购与特许经营战略"双管齐下"的发展战略，从而加速饭店企业的成长。

大型酒店集团可利用其资本优势、品牌优势以及标准化优势、管理优势，把一些基础建设、企业资质相对较好，资源较好、有发展潜力的小体量酒店企业或酒店集团进行收购、兼并、重组、加盟等商业运作模式，不断地将酒店整体经营这块蛋糕做大，拓展酒店企业的品牌优势，同时在消费者心目中建立独特的市场地位。

国内饭店业如果需要转型突破，以上5点思路可以作为借鉴和参考。在以上策略中，目前应用较多的主要体现在第五条，即走连锁化道路。连锁化道路的发展，需要由一个主体来牵头，可以由一个大型的酒店集团，也可由一家在连锁酒店发展方面具有较好管理经验或实力较强的酒店管理公司来牵头。

据不完全统计，一个普通的地级市就有4000家以上的酒店容量，目前，我国建制镇以上城镇已有2万多座，中国城市化水平已经实现了近50%，虽然比不上世界发达国家城市化平均水平89%这样的程度，但是在未来的几十年中，我国的城市化水平必将会有极大的提升，这对于支撑中国连锁酒店的快速发展，将会起到重要的促进作用。

我们可以做一个设想，如果能够在每座城镇平均开设10家连锁酒店，加上诸如京沪广深等一类城市可开设超过200家这样的水平，那么中国连锁酒店市场的规模将会达到至少20万家的水平。但目前，国内连锁酒店的数量还有很大的提升空间，所以，中国星级酒店企业若想较为顺利地开展转型升级，必须较好地针对连锁经营与管理进行深入探索与实践。

三、商务连锁酒店

在讲商务连锁酒店分类之前，首先了解一下国内酒店行业的分类。根据国际酒店星级评定标准进行酒店划分，已经属于较为传统的一种模式，而目前针对酒店行业的划分，是建立在多元化需求市场的基础上，据"迈点网"针对酒店品牌的分类，将酒店品牌分为七大类：

（1）国际高端品牌：如希尔顿、喜来登、香格里拉、洲际、万豪。

（2）高端品牌：如锦江、桔子水晶、华天、开元名都、岭南东方、世纪金源（不属于国际品牌，但在国内品牌中属于高端级别）。

（3）精品品牌：如悦榕庄、书香府邸、裸心谷、英迪格、安达仕、安缦（不一定参加星级评定，但在市场受众方面具有较为独特的市场地位，拥有一定的品牌忠诚者，所以属于精品品牌级别）。

（4）全服务中档品牌：如诺富特、假日、豪生、和颐、福朋喜来登（按照传统的星级分类，这些品牌属于中高档综合性商务酒店，也算是中档商务酒店的一个缩影）。

（5）服务式公寓品牌：如诗铂、雅诗阁、万豪行政公寓、辉盛庭、墨方（是在目前房地产市场，公寓类房产存量较大的情况下，将公寓类房产进行改造从而产生的一类酒店品牌）。

（6）经济型品牌：如7天、锦江之星、格林豪泰、汉庭、速8、如家、布丁。

（7）平价品牌：如海友、尚一特、金广快捷、百事快捷、怡莱、99、尚客优等品牌。

而在本书中所探讨的"商务连锁酒店"，是指比经济型连锁酒店服务设置更加高端、服务产品更加全面细致的一类酒店。它是经济型连锁酒店的一种升级模式，又是全服务中档品牌的一种"减法模式"，即减去全服务中的中餐、晚餐等餐饮服务内容。在后续的专题中，我们将展开详细介绍。

考核指南

基础知识部分：

饭店品牌分类及代表品牌名称。

习题

1. 2014年是中国酒店业转型和品牌发展的关键年，2014年的中国酒店业面临着以下几个发展态势，除（　　）之外。

　　A.转型　　　　　　　　　　　　B.兼并

　　C.品牌发展　　　　　　　　　　D.衰退

2. 2014年年底据网易财经公布，浙江省有（　　）家星级酒店挂牌出售。

　　A.10　　　　　　　　　　　　　B.15

　　C.16　　　　　　　　　　　　　D.19

3. 下列选项中，不属于酒店企业转型过程中所面临的困难选项是（　　）。

　　A.管理者惯性思维

　　B.酒店企业固定资产投入大，折旧率高

　　C.酒店企业属于劳动密集型产业，利润低，再生产投入能力不足

　　D.消费者的消费习惯在短时间内难以改变

4. 酒店企业特点为"三高一低"，以下选项中，哪一项不属于"高"的范畴（　　）。

　　A.能源成本　　　　　　　　　　B.物业成本

　　C.利润率　　　　　　　　　　　D.人力成本

5. 星级酒店企业的转型应具备如下思路，除（　　）以外。

　　A.主动创造新的需求

　　B.实施建立广泛的营销合作伙伴战略

　　C.进一步提升星级评定等级

　　D.充分利用闲置资源，实施酒店组合营销战略

6. 通过打通各种资源合作重组渠道，从而产生更高的行业综合价值，我们称之为（　　）。

　　A.组合营销战略　　　　　　　　B.整合营销战略

　　C.综合营销战略　　　　　　　　D.协同营销战略

7. 实施酒店"一体化战略建设"需要将品牌、品质及（　　）进行"一体化战略"实施。

　　A.标准化　　　　　　　　　　　B.多维化

　　C.立体化　　　　　　　　　　　D.一站式

8.酒店企业转型过程中，最核心的要点是（　　　）。

    A.标准化建设   B.走连锁化道路

    C.兼并战略实施   D.品牌营销

9.据"迈点网"针对酒店品牌的分类，将酒店品牌分为（　　　）大类。

    A.三   B.四

    C.六   D.七

10.下列酒店品牌中属于精品酒店品牌的是（　　　）。

    A.悦榕庄   B.华天

    C.桔子水晶   D.喜来登

专题二 **连锁酒店的运营模式**

案例导入：如家快捷酒店连锁经营之路

一、前期创建和探索阶段

2001年8月，携程旅行网在商机的启发下出资成立唐人酒店管理（香港）有限公司，计划在国内发展经济型连锁酒店项目，并就中国宾馆行业特点，拟定商业模型。8月起，公司以"唐人"（Tang's Inn）作为品牌名，重点发展三星级以下的宾馆成为唐人品牌的连锁加盟店。到12月，公司正式将"如家"（Home Inn）定为品牌名，并申请商标注册（曾用名："唐人""朋来"）。2002年5月，华东地区第一家如家快捷酒店——上海世纪公园店，改建工程开工。6月，携程旅行网与首都旅游集团，正式成立合资公司，由首都旅游集团相对控股，将其定名为"如家酒店连锁"，而"如家快捷酒店"是其核心品牌。

由于刚开始缺乏经营酒店的相关经验，如家在这一阶段主要是直接借鉴国外经济型酒店的成熟模式，然后通过整合利用自己的优势资源，即首旅的资金和携程旗下的网络营销（携程旅游网和800预定系统）来完成的。在这一阶段，如家重点发展三星以下的宾馆成为其品牌的连锁加盟店，并把特许经营作为商业模型的核心。

二、快速扩张阶段

经过前期的探索和经验积累，如家开始进入了快速扩张的发展阶段。在这一发展阶段，如家首先以"直营店"为酒店发展的重点，通过直营店来扩大规模和提升品牌。随着直营店数量的增多及酒店品牌效应的扩大，如家开始综合采用特许经营、管理合同、加盟连锁等扩张方式，急剧扩张如家酒店数量。

在2002年半年的时间内如家就开了4家连锁店，展示出良好的发展势头。

2003年1月，如家第一家特许经营店签约，同时也成为国内酒店品牌第一个真正意义上的特许经营案例。

2004年，如家在八座城市开设了26家酒店，当年净营收9089.9万元人民币，净利润达596.9万元人民币。

2005年年底，如家开业酒店达78家，当年净营收达26903.1万元人民币，净利润2093.3万元人民币，发展呈加速增长态势，使得市场网络迅速拓展。

2006年开业的酒店达到120家。

三、上市阶段

在快速扩张期间，资金的短缺成为企业进一步发展的最大瓶颈，而融资上市则成为如家的最佳选择。

2003年，如家引入了包括IDGVC 、梧桐创投等境外的战略投资。

2005年1月，百安居中国区原副总裁孙坚出任CEO，如家董事会看重其在零售和连锁行业的管理经验，将带领如家在两年内上市的任务交与孙坚。

2006年10月26日，如家在美国纳斯达克成功上市。

学习目标

1. 掌握连锁经营的概念及优势等知识点；
2. 掌握连锁经营的科学方法等知识点；
3. 掌握直营连锁与加盟连锁的区别等知识点。

■ 连锁酒店的运营模式

一、连锁的概念

（一）连锁

连锁的英文单词是linkage，指位于同一条染色体上的基因一起遗传的现象。

（二）连锁经营管理

连锁经营管理指在流通领域中，若干同业商店以统一的店名、统一的标志、统一的经营方式、统一的管理手段连接起来，共同进货，分散销售，共享规模效益的一种现代组织形式和经营方式。

目前，连锁经营管理模式，已成为我国零售业、餐饮业和服务业普遍应用的组织形式和经营方式，并加快向汽车、医药、烟草、家居、建材、加油站等多业种渗透。

二、连锁经营的起源

连锁经营的发源地在美国，美国内战之前，连锁经营已经有了一定程度的发展。

世界公认的第一家直营连锁商店是1859年乔治·F.吉尔曼和乔治·亨廷顿·哈特福特在纽约创办的大美国茶叶公司。在短短6年的时间里，便已发展出26家正规连锁店。全部集中在百老汇大街和华尔街一带，全部经销茶叶。

而中国对连锁业的接触与研究，主要来自1978年改革开放时期，外商进入中国市场且欲抢占零售市场的背景下，我国政府官员、学者以及企业家们在与外商"谈判"的过程中得以认识和学习，也因为这些无数次的"谈判"经验，使学者开始研究什么叫作连锁业。

三、连锁经营管理的优势

连锁经营管理模式，既然是一种被消费者所认同，并且是一种较有优势的商业发展模式，其必定有它的独到之处。连锁经营管理模式的优势如下：

（一）优化资源配置

连锁经营的"八个统一"，是其基本要素：统一店名，统一进货，统一配送，统一价格，统一服务，统一广告，统一管理，统一核算。

八个方面的统一，对于企业整体经营过程中的综合资源合理使用具有有效的提升和促进作用。

（二）提高市场占有率

连锁经营要想实现规模效益，必须在分店的设置上多动脑筋，扩大企业的知名度，扩大产品的销售量，从而提高产品的市场占有率。

（三）强化企业形象

好的企业形象可以给企业带来巨大的收益，使用统一的建筑形式，进行统一的环境布置，采用统一的色彩装饰，设计统一的商标、广告语、吉祥物等，这种形象连锁是一种效果极佳的公众广告。

（四）提高竞争实力

连锁经营管理的各分店在资产和利益等方面的一致性，使得连锁企业可以根据各分店的实际情况投入适当的人力、物力、财力来实施经营战略，进行持续的改革与创新，使整个连锁企业的经营管理能力始终保持在一个较高的管理水准上。

（五）降低经营费用

连锁经营与非连锁经营在总成本费用的控制方案的差距很明显，据抽样调查显示，连锁经营企业的费用较之其他零售商场或零售门店低约10%的费用率。

（六）引导生产领域

连锁经营企业在市场中占有极其重要的地位，成为连接生产与需求的桥梁，从而使生产与消费紧密挂钩，避免出现生产资源浪费和货物奇缺等情况。由于连锁经营可以进行统一的资源调配，如在原材料、人力、物力等的配置方面，具备极大的掌控力，所以会对生产领域起到引导作用，具有极大的影响和促进作用。

四、连锁经营管理的科学方法

连锁经营与管理最具科学性的方法，也是最为核心的部分，就是我们平时常说的——连锁经营的精髓在于处理好分散和集中的辩证关系："分散而不乱，集中而不死"。"分散而不乱"，指的是虽然连锁经营的企业有各个分店、各个分支，但是由于其具有统一的管理方式、标准化的操作及管理模式，以及科学合理的资源配置，所以会在分散化经营的状态下，通过集中的管控来统一步调，体现连锁企业的标准化经营。"集中而不死"，指的是虽然连锁经营企业由总部统一管理，但各个分店都具备根据自身实际情况进行调整和优化的权利，只要不违背公司统一的标准、制度和原则，各个分店均可以因地制宜地进行资源的合理配置，制订合适的营销计划，以及灵活执行营销战术和科学调整管理运营的方式，从而达到最佳的运营效果。

（一）标准化操作

连锁经营将已获得的经验和技术转化为可操作的标准化形式，并运用标准化的可

传达性、可翻版性和可操作性来开展连锁经营。

（二）专业化效率

专业化程度的提高，使得各个岗位的工作简单化，使每个岗位的员工易于操作，提高了工作效率，进而降低了人工成本。

（三）规范化管理

规范化行为使连锁公司系统内的各个子系统在公司管理下协调运行，减少了不必要的人为管理复杂因素，使系统内各组织间正常运行，真正达到连锁经营的八个统一。

（四）现代化技术

连锁经营作为大流通时代最具代表性的组织形式，依靠现代化的管理工具得以迅速发展并极大地提高了经营效率。

五、加盟连锁与直营连锁的区别

连锁经营包括加盟连锁和直营连锁两种模式，现在，我们来探讨一下这两种方式的区别。

（一）产权关系不同

加盟连锁（特许连锁）的产权主体为业主方，直营连锁的产权主体为企业总部方。加盟连锁是独立主体之间的合同关系，各个加盟店的资本是相互独立的，与总部之间没有资产纽带；而直营店都属于同一资本所有，各个直营店由总部所有并直接运营、集中管理。

（二）法律关系不同

加盟连锁（特许连锁）中特许人（总部）和被特许人（加盟店）之间的关系是合同关系，各家加盟店是独立的产权人，他们和公司总部之间通过订立特许经营合同建立起关系，并通过合同明确各自的权利和义务。而直营连锁中总部与分店之间的关系则是属于内部管理制度的调整和分配。

（三）管理模式不同

加盟连锁（特许连锁）的核心是特许经营权的转让，特许人（总部）是转让方，被特许人（加盟店）是接受方，通过特许者与被特许者签订特许经营合同形成管理关系。各个加盟店的人事和财务关系相互独立，特许人无权进行干涉。而在直营连锁经营中，总部对各分店拥有所有权，对各分店经营中的各项具体事务均有决定权，各分店经理作为总部的一名雇员派遣到门店中，必须完全按总部意志行事。从这意义上讲，加盟店的管理相对来说，会有一定的制约，受制于产权关系的不同，受制于双方对于合同的理解以及对于标准化、规范化的管理制度的理解，需要进行一定的调整和配合；而直营店会有非常明确的执行目标，必须与总部的管理制度相一致。

（四）涉及的经营领域不完全相同

直营连锁的经营范围一般限于商业和服务业，而加盟连锁（特许连锁）的范围则宽广得多，除商业、零售业、服务业、餐饮业、高科技信息产业等领域外，在制造业也被广泛应用。所以，直营连锁的经营范围相对范围较窄，而加盟连锁因为其操作的灵活性，拓展发展的快速性，所以它的经营领域相对来说比直营连锁拓展的范围更加宽泛。

六、连锁酒店的经营方式分类

（一）直接经营

酒店的物业本身属于企业总部，或者本身是由企业租赁，产权属于企业总部所有，可以进行直接经营、直接投资或直接控股。

（二）租赁经营

租赁经营指物业的产权属于另一方，酒店管理方采取租赁的方式将物业租赁下来，通过签订租约、交纳固定租金，租赁酒店，然后由酒店管理公司作为法人对其进行经营管理。租赁经营会有两种情况：一种是物业没有装修，需要酒店管理公司对其进行装修，装修完毕对其进行运营管理；另一种情况是物业本身已经装修完毕，酒店管理公司只需要对其开展运营管理即可。

（三）合同经营（委托管理）

签订合同，接受业主委托，根据酒店管理公司的经营管理规范和标准经营管理酒店企业，从而获取管理酬金。

（四）特许经营

拥有特许经营权人向受特许权人提供特许经营权利，在组织、经营和管理方面提供支持，并从受特许权人处获得相应回报。

在本专题中，我们了解了连锁经营模式的起源、优势和管理方法，以及连锁酒店的经营类型，在下一个专题中，我们将详细阐述连锁酒店的分类及其发展现状。

考核指南

基础知识部分：

1. 连锁经营概念及优势；
2. 连锁经营的科学方法；
3. 直营连锁与加盟连锁的区别。

习题

1. 连锁经营的发源地在（　　　　）。

A.美国　　　　　　　　　　　　B.中国

C.日本　　　　　　　　　　　　D.英国

2. 世界公认的第一家直营连锁商店所涉及的经营内容是（　　　）。

    A.酒店   B.咖啡

    C.茶叶   D.烟草

3. 下列选项中哪一项不是连锁经营的优势（　　　）。

    A.优化资源配置   B.提高市场占有率

    C.强化企业形象   D.加快资本运作

4. 在进行企业的连锁化运行过程中，需要注意以下（　　　）要点。

    A.标准化操作   B.专业化效率

    C.规范化管理   D.以上均是

5. 加盟连锁与直营连锁的区别（　　　）。

    A.产权关系不同   B.法律关系不同

    C.管理模式不同   D.以上均是

6. 连锁经营方式有（　　　）。

    A.直接经营   B.租赁经营

    C.合同经营   D.以上均是

7. 关于直营连锁和加盟连锁的经营范围的描述，下列哪一句是正确的？（　　　）

    A.直营连锁范围更广   B.加盟连锁范围更广

    C.直营连锁和加盟连锁范围都较广   D.直营连锁和加盟连锁范围都有所限制

8. "分散而不乱，集中而不死"是对（　　　）的表述。

    A.连锁经营企业的经营之道   B.直营经营企业的经营之道

    C.加盟经营企业的经营之道   D.以上均是

9. 连锁经营的基本要素为（　　　）。

    A."标准化+个性化"

    B."八个统一"

    C."分散而不乱，集中而不死"

    D."统一品牌、统一标志、统一经营、统一管理"

10. 中国连锁业始于（　　　）。

    A.19世纪40年代   B.改革开放初期

    C.20世纪90年代   D.21世纪初

第二节 商务连锁酒店发展趋势

专题一 连锁酒店发展现状

案例导入：季琦和他的华住集团

季琦，华住酒店集团创始人兼董事长。

季琦是中国连续创业最成功的企业家之一，他作为创始CEO连续创办的"携程旅行网"（NASDAQ：CTRP）、"如家快捷酒店"（NASDAQ：HMIN）、"华住酒店集团"（NASDAQ：HTHT）这三家著名的中国服务企业，先后在美国纳斯达克成功上市。成为第一个连续创立三家市值超过10亿美元公司的中国企业家，创造了世界企业史上的奇迹。

1966年10月出生；

1992年3月毕业于上海交通大学机械工程系机器人硕士专业；

1999年，作为联合创始人创办了携程旅行网，目前担任携程独立董事职务；

2001年1月—2005年1月，作为联合创始人担任如家快捷酒店管理有限公司首席执行官；

2007年2月至今，担任华住酒店集团董事长。

华住酒店集团是国内第一家多品牌酒店集团，全球酒店20强。自2005年创立以来，华住在短短数年间已经完成全国31省区市的布局，并重点在长三角、环渤海湾、珠三角和中西部发达城市形成了密布的酒店网络。2010年3月26日，"华住酒店集团"的前身"汉庭酒店集团"（NASDAQ:HTHT）在纳斯达克成功上市。

截至2018年年底，以"成为世界住宿业领先品牌集团"为愿景的华住，在创始人季琦的带领下，在中国超过200个城市里已经拥有2100多家酒店和30000多名员工，旗下拥有6个酒店品牌，包括商旅品牌——禧玥酒店、全季酒店、星程酒店、汉庭酒店、海友酒店，以及度假品牌——漫心度假酒店，在全国为宾客提供从高端到平价、商务差旅到休闲度假的住宿体验。

2018年8月，华住集团以近4.63亿元人民币收购青普旅游及同程旅游合计持有花间堂71.2%股权。

学习目标

1. 了解经济型连锁酒店品牌发展现状等知识点；
2. 了解中端连锁酒店品牌发展现状等知识点；
3. 了解高端型连锁酒店品牌发展现状等知识点。

■ 连锁酒店发展现状

在"2015年中国连锁酒店品牌30强"榜单中，位于市场占有率前十位的品牌分别是：如家、7天、汉庭、锦江之星、格林豪泰、莫泰酒店、锦江酒店、维也纳、城市便捷、尚客优。

而目前连锁酒店产业整体市场发展的特点及趋势也表现为四大特点，即：

（1）国企改革优化连锁酒店经营模式；

（2）经济型连锁酒店转战中端市场；

（3）中企连锁酒店海外投资收购此起彼伏；

（4）"互联网＋"助力连锁酒店营销多元化。

在不同的细分市场中，经济型连锁品牌、中端连锁品牌以及高端型连锁品牌均有着不同的发展特征和态势。

一、经济型连锁酒店品牌发展现状

在中国连锁酒店网发布的"2015中国经济型连锁酒店品牌规模"排行榜中，位列前十的经济型酒店品牌分别为：如家快捷、7天、汉庭、锦江之星、格林豪泰、莫泰、城市便捷、尚客优、99旅馆、布丁酒店。

近年来，经济型连锁酒店的市场盈利模式，以7天为代表的连锁酒店主要采用直销的方式，摆脱了第三方中介的分销系统，而其他大部分经济型酒店仍然没有完全放弃第三方中介，但通过第三方中介的比例逐渐被缩小在较小的范围内。例如锦江之星和如家，通过第三方中介进行分销的比例均不到5%。经济型酒店的利润主要来自入住率的提升及自身规模的扩大。

当然，经济型连锁酒店前10年的发展速度是极其迅猛的，主要源于中国旅游产业的蓬勃发展及旅游市场的扩容，国内游和入境游的持续稳定增长以及"直营＋加盟"模式的品牌快速拓展，使得经济型酒店在前十年得到了长足发展，但目前经济型连锁酒店行业已经进入较为平稳的成熟期，其需求的大幅度增长及新增需求的增加在未来1~3年会有一定的延续，但其发展速度势必会呈现一个逐渐下降的轨迹。

经济型连锁酒店的困局主要来自同质化，企业热衷于扩大分店数量从而获得成本优势，再低价吸引客户，但主动创新不足。在当前客户消费意识逐渐增强、个性化消费特征日益明显的消费者市场大背景下，势必会影响其在整体消费市场的占有率。"中投顾问产业研究中心"的数据显示，2015年以来每个季度停业的星级酒店均在1000家左右，大部分为经济型酒店，在缺乏突破性创新的现状下，低端酒店同化之痛难以改善。

二、中端连锁酒店品牌发展现状

2016年至2017年，中端酒店市场迎来了高速增长，并领跑第三产业。

中端酒店，又称为中档酒店，是以中高层消费人群和商务旅游人士为目标市场，提供高品质的酒店设施、个性化服务、温馨的氛围和与众不同的文化格调。其功能布局满足最基本的旅行生活需求，但同时更强调真实而人性的酒店环境、更高品质的产品及文化品位，如亚朵酒店宁波天一店（见图1.1）、宁波花缘丽舍精品酒店（见图1.2）。

图1.1 亚朵酒店宁波天一店

图1.2 宁波花缘丽舍精品酒店

具有代表性的中端商务酒店品牌包括洲际假日、诺富特，以及星程酒店、和颐酒店、桔子水晶酒店、维也纳酒店、全季酒店等（见图1.3—图1.8）。洲际假日隶属于知名酒店管理品牌洲际酒店集团，同时假日品牌也因中档酒店的市场定位，成为洲际集团在中国运营的品牌中最被看好的品牌。作为雅高集团旗下的中档酒店市场品牌，诺富特在全球58个国家（地区）拥有近400间酒店及度假村，均坐落于主要国际城市的中心，包括商务区域及旅游目的地。成立于2008年的星程酒店联盟，是目前国内规模最大的中档酒店联盟，2012年被汉庭收购。和颐酒店品牌是如家酒店连锁集团在2008年年底推出的中高档酒店品牌。桔子酒店集团是国内知名设计师酒店集团在2006年成立的，旗下的桔子酒店面向中端市场，以区别于那些简单提供住宿服务的低星级宾馆和一些由招待所直接演变而成的商旅酒店。维也纳酒店创立于1993年，面向中端市场，为顾客创造"五星体验、二星消费"的核心消费价值。全季酒店是华住酒店集团旗下针对中档酒店市场的有限服务酒店品牌，致力于为智慧、练达的精英型商旅客人提供最优质地段的选择。

图1.3 洲际假日

图1.4 诺富特

图 1.5　星程酒店

图 1.6　和颐酒店

图 1.7　桔子水晶酒店

图 1.8　维也纳酒店

根据《经济学人智库》的预测，到2030年中国高收入人群（年收入大于20万元）的比例将达到15%，总量超过2亿人。收入升级带动消费升级，而消费升级将带来对于高品质、个性化、多样化旅游服务的需求升级。2015年我国国内旅游人数突破40亿人次，旅游人数的持续增长将带来可观的住宿需求。同时，严厉反腐也导致部分高端酒店用户向下流动，增加了一部分需求。

所以说，旅游产业的内在发展需求和外界环境的影响，使得中端酒店产业开始进入快速发展阶段，而毫无悬念的，2017年迎来了中端连锁酒店品牌的爆发式增长，首旅、华住、锦江纷纷推出和颐至尊、如家精选、锦江都城、全季等中端酒店品牌，而中端酒店亦不负众望，成为各大集团业绩增长的主要驱动力。

三、高端型连锁酒店品牌发展现状

在中国连锁酒店网发布的"2015中国连锁酒店高端品牌规模排行榜"中，位列前十的高端型连锁酒店品牌为：锦江酒店、首旅建国、金陵饭店、碧桂园凤凰、开元名郡、华天酒店、世纪金源、阳光酒店、万达嘉华、维景国际酒店。

高端型连锁酒店的整体盈利状况，自2011年以来呈现逐年下降趋势，虽然在2016年至2017年有了回暖的态势，但整体来说，其所面临的主要问题还是在于如何拓宽盈利渠道以及经营模式的转型升级。

在本专题中，我们一起讨论了连锁酒店的经济型品牌、中端品牌、高端型品牌酒店的发展现状及转型升级方向，在后一专题中，我们将着重了解作为中端品牌的核心产品——商务连锁酒店的发展现状及发展方向。

考核指南

基础知识部分：
1. 中端连锁酒店发展背景及现状；
2. 中端连锁酒店的发展定位；
3. 商务连锁酒店的发展方向。

习题

1. 在"2015年中国连锁酒店品牌30强"榜单中，下列酒店品牌除（　　）外均在其中。

A.如家　　　　　　　　　　　B.7天

C.锦江之星　　　　　　　　　D.桔子酒店

2. 下列哪个品牌属于经济型连锁酒店品牌？（　　）

A.如家快捷　　　　　　　　　B.尚客精品

C.金陵饭店　　　　　　　　　D.首旅国际

3. 下列哪个品牌属于中档连锁酒店品牌？（　　）

A.如家快捷　　　　　　　　　B.尚客精品

C.金陵饭店　　　　　　　　　D.首旅国际

4. 下列哪个品牌不属于高端连锁酒店品牌？（　　）

A.洲际　　　　　　　　　　　B.雅高

C.诺富特　　　　　　　　　　D.万豪

5. 2017年，迎来了（　　）品牌连锁酒店的爆发式增长。

A.经济型　　　　　　　　　　B.中端型

C.高端型　　　　　　　　　　D.单体型

6. 和颐酒店品牌隶属于（　　）连锁酒店集团。

A.如家　　　　　　　　　　　B.7天

C.汉庭　　　　　　　　　　　D.锦江之星

7. 维也纳酒店创立于（　　），面向中端市场。

A.1991年　　　　　　　　　　B.1993年

C.1995年　　　　　　　　　　D.1997年

8. 全季酒店是（　　）旗下针对中档酒店市场的有限服务酒店品牌。

A.维也纳连锁酒店　　　　　　B.锦江连锁酒店

C.如家连锁酒店　　　　　　　D.华住酒店集团

9. 高端型连锁酒店面临的主要问题是（　　　）。

    A.转型升级　　　　　　　　　　　B.降低星级

    C.快速连锁化　　　　　　　　　　D.提升品质

10. 经济型连锁酒店需要解决的关键问题是（　　　）。

    A.同化竞争　　　　　　　　　　　B.降低成本

    C.创新改革　　　　　　　　　　　D.低价竞争

专题二 **商务连锁酒店发展趋势**

案例导入：

亚朵酒店王海军：中端酒店是今天中国酒店业最后一个结构性机会

"一个时代需要一个时代的品牌和企业。"亚朵创始人、CEO王海军说。

他没说的是，在酒店行业，上个时代的辉煌属于快捷酒店品牌，而现在，是不是该轮到亚朵这样的新锐中档酒店品牌了？

王海军有点"初生牛犊不怕虎"，毕竟亚朵才成立5年，开业门店数才约为160家。在体量和行业影响力上与锦江、首旅如家、华住等"老大哥"还无法相提并论——以排名第一的锦江集团为例，它的门店数约为6000家，房间数则超过了60万间。

但亚朵很明显是一支不容忽视的新势力。它有一个打过仗、见证过中国本土酒店企业成长史的团队，创始人王海军为原华住副总裁，核心成员也拥有操盘数千家门店生意的经验。

它过去几年的创业路途看上去还算顺利，赶上了消费升级的大潮，拓展速度稳扎稳打，营业数据亮眼，也颇受资本青睐。

不过，最关键、也最让"老大哥"们警惕的还在于，亚朵这个品牌在新一代中产消费群体中的温度和影响力。

"我觉得中端酒店是今天中国酒店业最后一个结构性机会，谁能够抓到这个商业价值，取决于你的产品能力和内容运营能力，其实你运营的已经不再是房间了，运营的是人群和生态，我觉得这个是有本质区别的。"

一个喜欢阅读和摄影的酒店行业老兵，当他再次出发的时候，他决定要多一分情怀。这个逻辑不难理解。不过，在酒店这个盛产"文艺型老板"的行业，光有阅读和摄影还远远不够。且不说，以快捷酒店为基座的大集团们早已醒悟过来，大力追赶新消费浪潮。

比如，华住集团2016年财报就显示，全年净利润涨幅显著，这主要得益于RevPAR（每间可供出租客房收入）的增长。而其增长的直接原因，就是华住加速布局中高端酒店，并对现有经济型品牌进行了品质升级。

犹如10年前的快捷酒店，中端酒店领域的厮杀将会更加激烈。

亚朵也意识到了这一点。2017年亚朵新开设70家门店，扩张速度比亚朵过去几年的步伐要快得多，此前它用了四年时间才开设了约90家门店。酒店的选址策略是全国发展，重点布局一线城市和繁华省会城市，扩张的模式依然以特许合伙为重心。2018年则计划新开150家门店。

在躯干不断壮大的同时，亚朵手里还有两个撒手锏，让整体品牌增值的IP酒店计划和一套适应当下酒店业服务特性的企业组织结构。

（摘自搜狐财经网，2018年2月22日）

学习目标

1. 掌握中端连锁酒店发展背景及现状等知识点；
2. 掌握中端连锁酒店的发展定位等知识点；
3. 掌握商务连锁酒店的发展方向等知识点。

■ 连锁酒店发展趋势

一、引　言

随着我国旅游经济从大众旅游初级阶段逐渐向自由行、度假旅游模式演变，本土商务出行住宿需求为商务连锁酒店业态发展提供了坚实的市场基础和广阔的产业创新空间；另一方面，随着国家出台限制"三公"消费政策，对高星级酒店的严重影响，以及老一代经济型快捷酒店产品的老化所面临的众多问题，为处于中端酒店市场的商务连锁酒店新业态发展带来极大机遇。而中等收入阶层的崛起，顾客消费水平的提升，高性价比、强主题性和设计感的商务连锁酒店产品恰好满足了这部分新兴崛起的消费者群体的消费升级需求和住宿个性化需求，从而使得自2015年崭露头角的中端酒店业态，包括商务连锁酒店新业态开始蓬勃兴起。

二、中端连锁酒店发展背景

2016年商务需求回暖，大众旅游消费稳增，带动了酒店业需求的回暖。但同时，由于经济型连锁酒店在经历了前10年的无序扩张后，行业供过于求，同时获客租金、人力成本不断上涨，使得企业盈利空间受到挤压，新进入者数量大幅下滑。

与此同时，锦江、首旅、华住国内三大巨头集团逐渐形成，行业进入存量整合阶段，参考美国酒店连锁化发展轨迹，我国的酒店连锁化率在未来有望达到70%的比例。

在2015年我国酒店连锁化率仅为20%，而美国酒店业在1990年的连锁化率就达到了46%，在25年后的2015年则高达70%，因此，我国酒店业的连锁化空间较大。而锦江、首旅和华住三大巨头每年新增门店数量均在450家左右，以90%为加盟店的比例进行扩张，其总体连锁率达到70%比例的时间将会比美国酒店业连锁率同比例水平来得更快。

当前，连锁酒店业态中，中端连锁酒店市场的集中度较低，品牌连锁的扩张速度虽然很快，但渗透率仍较低，所以连锁加盟将是未来中端品牌扩张的主要形式。

相关统计数据显示，我国中端酒店市场行业集中度比例为39.44%（其中维也纳

17.84%、全季10.39%、星程4.58%、和颐3.75%、亚朵2.88%）。同时，我国中端品牌连锁化速度较快，过去5年增速达到50%，但品牌连锁化渗透率依旧较低，2011年我国中端连锁品牌渗透率仅为5%，2015年为20%，未来仍有较大的上升空间。

而国内外酒店集团抢占中国中端酒店市场，也主要走"酒店翻新改造升级"的转型升级道路。未来的增量市场主要来自中端连锁酒店，而中端连锁酒店业态中的主要类型即为商务连锁酒店业态。

经过10多年的发展，国内经济型连锁酒店在客房数量上已经远超中端和高端酒店，但随着经济发展和消费升级，中端酒店的需求日益提升，而在国外发达国家，中档连锁品牌酒店构成了市场的竞争主体，高端、中端、经济型酒店呈现出"橄榄型"的竞争格局，而目前我国酒店业就品牌化和连锁化经营程度而言，仅呈现"哑铃型"结构，预计未来5~10年国内中端连锁酒店市场将迎来大爆发。

而近年来中国的酒店产业结构也发生着较为明显的变化：各路资本和企业纷纷转战中端连锁酒店市场，"橄榄型"有望成为中国酒店产业新格局。无论是本土酒店集团，诸如华住酒店集团的"全季"品牌（见图1.9），如家酒店集团的"如家精选"品牌（见图1.10）、"和颐"品牌，亚朵酒店集团的"亚朵"品牌（见图1.11），以及铂涛酒店集团旗下的"丽枫"（见图1.12）、"喆·啡"（见图1.13）、"ZMAX潮漫"（见图1.14）、"希岸"等品牌，锦江集团的"锦江都城"（见图1.15）等中端商务连锁酒店品牌；还是外资酒店集团，诸如希尔顿集团的"花园"（见图1.16），喜达屋旗下的"雅乐轩""源宿"，凯悦旗下的"嘉轩""嘉寓"等商务连锁酒店品牌均以破土之势在中国城市布点。可以说商务连锁酒店产业发展将是酒店业未来10年的重头戏。

图1.9　全季酒店

图1.10　如家精选酒店

图1.11　亚朵酒店

图1.12　丽枫酒店

图1.13　喆·啡酒店

图1.14　ZMAX潮漫酒店

图1.15　锦江都城酒店

图1.16　希尔顿花园酒店

三、中端连锁酒店定位

　　虽然中端连锁酒店产业，包括主体业态——商务连锁酒店产业，面临着巨大的成长和整合空间，在机遇和挑战并存的当下，如何经营好中端连锁酒店企业，经营好商务连锁酒店企业是酒店人需要认真思考、探索和实践的重要课题。

　　未来，中端连锁酒店如何定位？如何去定义这一概念，还是需要参照这一类酒店是否精准地把握消费者需求，以在中端连锁酒店市场耕耘多年的桔子酒店为例，以别致设计为卖点，打造价位中档的精品酒店，虽然不设置游泳池、健身房、宴会厅以及大型餐厅等硬件设备，但室内的智能化设置又比经济型酒店客房更加人性化，且更具一定品位。无论走设计风、主题风还是个性风，中端连锁酒店的定位都要清晰明确，并且具有核心竞争力。而此核心竞争力可以是特色服务，也可以是别具一格的设计，或是动态的主题，可以不需要大而全的格局，但需要有突出的核心价值。

　　华美酒店高级执行官赵焕焱认为，中端连锁酒店区别于经济型连锁酒店标志在于以下4点：

　　（1）有客房外的第二空间，如健身房、书吧、茶社、影视社交区。

　　（2）有基本需求外的第二项优质产品要素，如创新的餐饮和健康相关的附加服务。

（3）有多元素的人文体验，如设计、文化、环境等。

（4）有提升的服务质量。

全季酒店对于中端连锁酒店的诠释表达为：大堂敞亮，有沙发、咖啡、书架，还有自助上网、自助洗衣、小型会议室等功能区域。相较于二代店，三代店更为稳重，例如：在淡绿、原木色等主色调下，二代店大堂的沙发选择浅米色摇椅，客房床头的靠背只在70厘米处做了设计；而在三代店中，沙发换成了咖啡色，不易随意晃动，同时加入了夸张的灯饰用来调节气氛，客房床头靠背的设计范围也扩大至墙面的2/3，以减少局促感（见图1.17—图1.20）……全季酒店作为中端连锁酒店的代表，其最核心的理念是为繁忙的商务客人带来一种安静的休息场所和空间。

图 1.17　全季酒店·大堂

图 1.18　全季酒店·客房

图 1.19　全季酒店一代店·客房

图 1.20　全季酒店二代店·客房

7天在经营中端连锁酒店市场方面选择了最独特的方式进入中端市场，即2013年6月退市，然后从一家经济型酒店公司转型为酒店创业平台，并更名为"铂涛酒店集团"，一年之后，企业4个中端品牌在这个平台上创立，丽枫、喆·啡、ZMAX和希岸。其中：丽枫以天然香气为特色；喆·啡将咖啡文化与酒店相结合；ZMAX希望成为潮人喜欢的酒店，大堂被设计成社交圈吧；希岸则想要获取女性消费者的青睐。

亚朵的总裁王海军，自2012年离开汉庭之后创立了中端连锁品牌"亚朵"，以摄影、阅读为主题，酒店装饰都来自摄影爱好者的作品，书吧根据单向街书店提供的书店选书（见图1.21、图1.22），总部设立独立部门来企划各门店的文化讲堂活动……

图1.21　宁波花缘丽舍酒店·大堂

图1.22　亚朵酒店·书吧

尚客优，在此方面主要以产品和服务创新升级涵盖经营模式、入住体验等多个角度，开展中端连锁酒店品牌的连锁创新。其在国内率先提出的酒店U＋法则，充分利用物业空间，在大堂里增加咖啡吧、面包吧、蛋糕店和U–Shop，为客人创造新的消费体验。此外，还充分利用酒店的无限空间（免费的WIFI建立的移动服务平台），分享优质生活，客人在入住酒店客房后，如果发现自己喜欢酒店内的用品，扫码即可下单，将尚客优的优质产品带回家。这样的创新模式，既传递了品牌文化，又加深了用户黏度，为酒店带来新的生产力。

而其他的中端连锁酒店也在尝试智慧酒店模式等各种探索，诸如微信开门、微信支付、微信开灯、取电、微信WIFI、微信自助购物等一系列生活服务，和咨询配套设施、交通出行等客服功能及退房、服务点评、发票开具等延伸功能，而在不久的将来，客房中的每一个独立物品，都可以直接建立与入住者的购买关系。

四、商务连锁酒店的发展方向

面对消费需求的变化、营运环境的变化，如何在中国旅游产业迅猛发展、经济转型与消费升级的大背景下，书写好商务连锁酒店运营管理这篇锦绣文章，是我们撰写本教材的初衷，希望该教材能为致力于探求商务连锁酒店运营与管理模式和方法的酒店人提供一定的借鉴，并对旅游新业态背景下的商务连锁酒店运营管理人才培养带来重要的应用价值和实践意义。

未来几年仍将是旅游业加速发展的黄金时期，但其发展的关键在于酒店产业与科技的紧密结合。如何将科技手段应用于酒店客房、营销、节能、服务等方面，从而提升酒店自身竞争力是未来酒店产业发展的方向；而如何提升酒店产业整体的连锁化程度、集团化程度以及如何提升酒店从业人员、管理人员整体素质、业务水平、管理能力及提升酒店产业专业人才的综合水平是未来酒店产业亟待解决的问题。

考核指南

基础知识部分：
1. 经济型连锁酒店品牌发展现状；
2. 中端连锁酒店品牌发展现状；
3. 高端型连锁酒店品牌发展现状。

习题

1. 目前，已形成经济型连锁酒店集团三大巨头，除（　　）以外。
   A.锦江　　　　　　　　　　　　　B.首旅
   C.华住　　　　　　　　　　　　　D.汉庭

2. 在2015年，我国酒店连锁化率为（　　）。
   A.20%　　　　　　　　　　　　　B.25%
   C.30%　　　　　　　　　　　　　D.35%

3. 目前，酒店产业连锁化率最低的是（　　）。
   A.经济型连锁酒店　　　　　　　　B.中端连锁酒店
   C.高端连锁酒店　　　　　　　　　D.单体酒店

4. 下列哪个品牌不属于中端连锁酒店品牌？（　　）
   A.如家精选　　　　　　　　　　　B.锦江之星
   C.麗枫　　　　　　　　　　　　　D.雅乐轩

5. 中端连锁酒店，区别于经济型连锁酒店的点在于（　　）。
   A.中端连锁酒店的价格高于经济型连锁酒店
   B.强调多元素的人文体验
   C.中端连锁酒店是经济型连锁酒店的升级版本
   D.中端连锁酒店是高星级酒店的降星举措

6. "7天"在进入中端连锁酒店品牌市场时，采用的方式是（　　）。
   A.退市后入市　　　　　　　　　　B.子品牌开发
   C.经济型连锁酒店品牌升级　　　　D.兼并其他酒店品牌

7. "亚朵"连锁酒店的特点是以下几大特征，除（　　）以外。
   A.以摄影为主题　　　　　　　　　B.以阅读为主题
   C.以文化讲堂活动为主题　　　　　D.以旅行为主题

8. 尚客优连锁酒店在酒店大堂增设了如下设施，除（　　）以外。
   A.咖啡吧　　　　　　　　　　　　B.面包吧
   C.U-shop　　　　　　　　　　　　D.影碟吧

9. 未来5~10年，连锁酒店市场的发展主要在（   ）。

    A.经济型连锁酒店　　　　　　　　B.中端连锁酒店

    C.高端连锁酒店　　　　　　　　　D.精品单体酒店

10. 未来几年仍将是旅游业快速发展的时期，其发展的关键在于将酒店产业与（   ）结合。

    A.景区　　　　　　　　　　　　　B.旅行社

    C.科技　　　　　　　　　　　　　D.休闲

📄 第一章习题
参考答案

第二章 商务连锁酒店筹建

第一节 商务连锁酒店组织架构

专题一 商务连锁酒店组织架构及岗位职责

案例导入：7天的历程

7天连锁酒店集团（7 Days Group Holdings Limited）它是铂涛酒店集团旗下品牌之一。它创立于2005年，2009年11月20日在美国纽约证券交易所上市（股票代码：SVN）。2012年12月，7天连锁酒店集团旗下的分店规模已经突破1500家，其中管理店业务发展迅速，已经率先突破1000家。7天成为中国经济型酒店行业管理业务发展最快的品牌。2013年6月27日，7天连锁酒店集团从美国退市。同年7月17日，被铂涛酒店集团私有化收购。2015年9月18日，铂涛集团接受锦江国际旗下上市公司锦江股份的战略投资。

7天连锁酒店秉承让顾客"天天睡好觉"的愿景，致力为注重价值的商旅客人提供干净、环保、舒适、安全的住宿服务，满足客户核心的住宿需求。

7天连锁酒店是：第一家在美国纽交所上市的中国酒店集团；中国酒店业最大规模会员体系的拥有者；中国酒店业科技及创新模式的领航者；更经济、更高品质商旅住宿的标杆企业。

7天连锁酒店现已拥有分店超过1500家，覆盖全国近30个省和直辖市共200个主要城市，也已建成经济型连锁酒店全国网络体系。

7天连锁酒店建立的"7天会"拥有超过5000万会员，是中国经济型酒店中规模最大的会员体系。作为业内科技领航者，7天是目前少数能"7×24小时"同时提供多达5种便利预订方式的连锁酒店，包括网上预订、电话预订、WAP预订、短信预订和手机客户端。

深谙企业运营之道的7天连锁酒店，凭借庞大的会员体系，通过科技和服务的持续创新，结合充满活力的7天企业文化，已成为中国经济型酒店行业的领先品牌。

7天连锁酒店是在web2.0时代，"我"成为服务核心，在经济型连锁酒店模型基础上，除了提供环保、健康的硬件环境，7天连锁酒店还倡导"快乐自主，我的生活"的品牌理念，在产品及服务流程的设计上不断整合创新，提供更具人性化、便捷的优质酒店及会员服务。

学习目标

1. 了解总部端组织架构设置的重要性；
2. 掌握总部端组织架构的组成；
3. 了解总部端组织架构的作用。

■ 商务连锁酒店组织
架构

在进行商务连锁酒店筹建工作中，酒店组织架构建设非常重要，可以从两个方面进行阐述，即商务连锁酒店组织架构及岗位职责和门店组织架构及岗位职责。

首先，我们来了解一下商务连锁酒店组织架构及岗位职责。

商务连锁酒店由于其连锁特性，总部的组织架构建设显得尤为重要，它不仅是整个连锁集团的核心，也是各个门店组织架构建设的枢纽和标杆。作为一个酒店管理公司的集团总部，它所承担的任务非常艰巨，所起的作用也非常关键，因为连锁集团总部需要制定、颁布各项规章制度、规范和标准，并且要求各个连锁门店执行和落实，所以，连锁酒店集团总部的组织架构及岗位职责必须是科学、严谨、合理而有效的。

连锁酒店总部的组织架构主要由以下几个部门组成：集团公司的总经理室、行政办公室、人力资源部、财务部、工程部、市场营销部、采购部、信息工程部、质检（品管）部、加盟拓展筹建部等。

各个职能部门都需要充分发挥自身的职责和功效，从而为下属各个连锁门店提供全力的支持和帮助，一旦总部端出现了管理上的问题，或者没有给予相应的支持，将会对下属门店的工作开展带来很大的影响，所以说，总部的组织架构建设非常重要。

专题二　门店组织架构及岗位职责

学习目标

1. 掌握门店组织架构的构成；
2. 掌握门店组织架构各个岗位的职责；
3. 能构建商务连锁酒店门店的组织架构，并制定相应的岗位职责。

在门店组织架构建设方面，不管该门店是加盟店还是直营店，其组织架构都是统一的，唯一的区别在于：由于门店客房数量的不同，个别部门的人员配备会根据客房数量的多少来进行合理配置。

连锁酒店门店的组织架构包括以下几个方面。

（一）店长

全面负责门店的内部管理和对外拓展、市场营销以及公共关系建立等各方面工作；店长必须是一个"多面手"。

（二）店长助理

配合店长处理门店的内部事宜和对外营销宣传工作。店长助理的配置，根据门店的具体情况而定，例如：客房数量在一定规模以上，可以设置这一岗位，而在此规模以下，可以不设置这一岗位；而很多门店在最初的筹建运营阶段，会设立这样一个岗位，来帮忙处理较为繁杂的筹建事务；由于连锁门店的快速拓展，需要新鲜血液融入管理岗位，并输入到新开业的门店中，而门店店长助理在承担辅助店长进行新门店的筹建和初期运营事务工作的同时，也在为后期成为新开业门店的店长做好职业生涯成长准备。

（三）值班经理

连锁门店会在店长或店长助理下面设置1~2名值班经理。他的主要工作任务是：一方面，在门店店长不在店期间，全面负责门店的日常事务；另一方面，在门店店长在店期间，值班经理需要向店长汇报工作，主要负责门店前台的整体运营与管理、客房的整体运营与管理以及餐厅早餐业务运营与管理等工作事务。

（四）前台班组

通常，在连锁门店的前台设置3~4名员工，我们也称之为"服务中心"，其工作职责涵盖礼宾、前台入住登记、接待、收银、信息咨询及对客服务等工作，是连锁门店的"对客窗口"。在连锁酒店企业中，出于劳动力成本考虑，人员配置极其精简，"服务中心"于是综合了礼宾、总台、接待、收银等功能。在前台班组的人员数量设置方面，必须避免少于3人的设置情况发生，因为若人员过于有限，而工作时间固定

（24小时运行），将会导致排班困难以及部门运行不畅通。

（五）客房班组

客房班组作为后台部门，也是连锁门店的关键部门，其员工我们称之为"清扫员"，其人员数量的设置，主要考量门店客房数量，从而进行等比例的分配，即1人清扫15~20间房这样的比例。例如，一家门店的客房数量为60间，那么必须配备3位以上的"清扫员"。客房清扫员的主要职责就是能够把客房的清洁卫生、计划卫生工作做到位。某些门店为了强调客房清洁卫生工作，会配置一名客房主管，主要负责管理和监督客房清扫员的工作。而有一些门店，直接由值班经理兼任客房主管，管理和督促客房的清洁卫生工作。至于客房主管的配置，主要看门店值班经理配置的人数，一般来说，如果值班经理配置数为3名，那么其中1名就可兼任客房主管，不用再重新配置客房主管，如果少于3名，那么就需要额外配置1名客房主管，重点管理客房区域的清洁卫生工作。客房主管主要管理客房清扫员以及安排落实、检查督促客房清扫员的日常工作，并承担客房区域其他的管理工作，如布草的清点、客房"五常法管理"、客房部门内部培训等工作职责。

PA(public area)人员，即公共区域清扫人员，这个岗位一般为单设岗位。当一家门店规模较大，或者公共区域面积较大时，PA岗的清扫人员的工作职责和任务就较为重要。其工作范围包括酒店公共区域、前台、大堂、电梯厅以及后台的走廊、楼梯等区域的清洁工作。

（六）万能工

万能工在大型的连锁酒店企业，可以是一种常设的岗位，日常工作即承担这家酒店的小型工程施工及维护工作，而大型的施工及机器设备的维修一般会由外部协同单位来进行。

在小型的连锁酒店企业，万能工的岗位也可以不用常年设置，可以通过聘用兼职人员来完成，从而减少酒店的人力资源成本。

（七）保安

保安岗位的设置也是根据门店的实际情况来进行调整的。某些门店位于整个商业区的物业管理范畴，该门店的消防、日常保安工作由物业统筹管理，就不需另设岗位；而大部分的连锁酒店企业是独立于商业区域的物业范畴，消防、安全监控等工作都由酒店自行管理，需要常设保安岗位，承担酒店企业的日常消防及安全管理，尤其是夜间（20:00—8:00）的酒店巡查，以及维护酒店大堂的治安、安保工作，尤其在酒店客人突发服务需求及意外的情况下，需要保安进行协助，这些便是常设保安的工作职责。

在本章节，我们了解了商务连锁酒店的组织架构及其岗位职责，不同于高星级酒店庞大的人员配置，商务连锁酒店的组织架构简明扼要，各岗位工作的职责也更为宽泛，管理工作所占的比例有所增加。构建好组织架构，明确了岗位职责后，需要进入到筹建环节中最为核心重要的工作，即投资预测，在下一章节中我们将详细道来。

考核指南

基础知识部分：

1. 总部端组织架构及岗位职责；

2. 门店组织架构及岗位职责。

实践操作部分：

以筹建一家商务连锁酒店门店为任务，构建该门店的组织架构及人员安排，并制定各个岗位的工作职责。

习题

1. 连锁酒店总部的组织架构包括总经理室、行政办公室、人力资源部、财务部、工程部、市场营销部、采购部、信息工程部、质检（品管）部以及（　　　）。

    A.加盟拓展筹建　　　　　　　　　　B.培训部

    C.公关部　　　　　　　　　　　　　D.门店管理部

2. 在门店的组织架构建设方面，无论是直营店还是加盟店，其组织架构均是统一的，唯一的区别在于门店人员的配备，会根据（　　　）进行调整。

    A.面积　　　　　　　　　　　　　　B.地段

    C.酒店级别　　　　　　　　　　　　D.房量

3. 全面负责门店的内部管理和对外拓展是（　　　）岗位。

    A.店长　　　　　　　　　　　　　　B.店长助理

    C.值班经理　　　　　　　　　　　　D.总部端

4. 在门店的筹建运营阶段，会设立（　　　）岗位来帮助处理繁杂的筹建事务。

    A.店长　　　　　　　　　　　　　　B.店长助理

    C.值班经理　　　　　　　　　　　　D.总部端

5. 连锁门店拓展中需要新鲜血液并输入到新开业的门店中担任管理岗位，这里的"新鲜血液"指的是（　　　）。

    A.店长　　　　　　　　　　　　　　B.店长助理

    C.值班经理　　　　　　　　　　　　D.总部端

6. 当门店店长不在店期间，全权负责门店的日常事务的是（　　　）岗位。

    A.店长　　　　　　　　　　　　　　B.店长助理

    C.值班经理　　　　　　　　　　　　D.总部端

7. 主要负责前台整体运营与管理、客房整体运营与管理以及餐厅早餐运营与管理事务的是（　　　）岗位。

    A.店长　　　　　　　　　　　　　　B.店长助理

    C.值班经理　　　　　　　　　　　　D.总部端

8. （ ）班组，我们也称之为"服务中心"。

A.前台　　　　　　　　　　　　B.客房

C.PA　　　　　　　　　　　　　D.万能工

9. 在前台班组的人员数量设置中，注意避免少于（ ）人的局面，防止出现部门运营不畅通的情况。

A.1　　　　　　　　　　　　　B.2

C.3　　　　　　　　　　　　　D.4

10. 客房服务员的配置，遵循每（ ）间房配置1名服务员的人员配备原则。

A.6~8　　　　　　　　　　　　B.9~10

C.11~14　　　　　　　　　　　D.15~20

第二节　商务连锁酒店投资预测

专题一　酒店投资选址

案例导入：汉庭连锁酒店选址要求

一、选址

地址位于城市的市级商务中心、商业中心、知名教育中心、物贸交易中心、交通中心、成熟开发区、大型游乐和旅游中心、会展中心。

良好的可视性：房屋展示面良好，最好是"金边银角"（十字路口），有一定的广告位。

到达的便利性：邻近地铁沿线、高速公路城市入口处、干道交叉口、交通枢纽中心、商业网点，邻近火车站、码头、长途汽车站、公路高速客运中心区域。

可停留性强：周围有比较完善的商业、商务配套设施，车辆可以临时停车；要尽量避免密封的快速干道和桥梁；从综合成本角度考虑，1类区域，2类地段往往是项目比较容易出问题的地方，需要重点关注。

二、物业大小

建筑面积：一般在3000～5000平方米的范围内，宽度或进深以12～14米为最佳。客房在80～120间最佳，暗房控制在15%以内。

结构问题：建筑物结构为框架结构，外观整齐，并且允许进行改造；物业及周边建筑情况（间距、通道）；物业内部通道情况（楼梯数量、电梯、出入口）；物业结构状况（柱、梁、楼板、层高、原建筑用途）；屋面防水结构状况（隔热板、卷材、女儿墙）；地下室状况（出入口、通气、防水、排水）；不同层面面积不同的情况（通道、下水管道）；墙体分隔情况，墙体分隔材料；建筑层变化状况，外立面状况要求；门头使用状况。

三、交通

交通条件是选址需要考虑的首要条件，一般以地铁站附近为上佳条件，因为地铁的覆盖面广、客流量大；在没有地铁的地区或城市中，在选址点的方圆300米内有5条以上能通达商业中心、机场、车站、码头的公交站线为好，机场大巴站旁尤佳；邻近城市交通枢纽道路、大桥、隧道、高架、城市环线，车流大，具有可停留性；交通流动性好，进出口便利宽敞，快速路无隔离带路窄状况，最好不是单行线、有良好的可视性和可进入性。

四、市场

选址区域内具有相当的客流量，具有可停留性：1千米范围内有相应的配套设施（连锁超市、药店、银行、餐厅、咖啡店、茶艺馆、酒吧、学校、邮局、洗衣店、冲

印店、加油站、综合休闲娱乐场所、购物中心或百货商场等）或与公共场所相邻。附近的企事业单位、学校的情况，如单位种类、单位数量、基本经营情况，最好具有的较多流动性客源等。银行密集区一定是商务活动频繁的区域，是我们选址的风水宝地。经营区域人口状况、消费层次、经济收入、流动人口数量、客源流量等条件也应较为合适；选址区域周边市容环境整齐干净（最好毗邻公园或大型绿地）。所在道路有一定知名度，有较大的市场潜力和良好的市场前景。

学习目标

■ 商务连锁酒店投资预测

1．了解商务连锁酒店进行投资预测的重要性；

2．掌握商务连锁酒店投资预测需要考虑的因素；

3．能根据商务连锁酒店门店投资目标，撰写一份投资选址可行性报告。

在阐述商务连锁酒店投资预测这一章节，我们以一家商务连锁酒店门店为例，围绕该门店的筹建、投资预测来进行讲解。

对于一家商务连锁酒店门店的筹建，它所涉及的工作量是巨大的，所涉及的工作环节也非常繁杂，我们从中挑选几个重要环节加以阐述。

如果有一定的资金基础、理念以及自身的想法和追求，去开一家商务连锁酒店的门店，首先要进行投资测算，从商业模式来说，投资测算也是核心模块和技术。

投资酒店的终极目标是盈利，任何不以盈利为目的的酒店投资都是"耍流氓"，所以在投资前期要进行充分筹划，考虑方方面面的因素，考虑经济效益的测算，确保你所要筹建的这家酒店未来是可行的，预算是能够实现的，在这些条件保障下，才可以进行酒店的开设。

酒店的开设，首先要进行投资方面的简单预测，具体包括如下方面。

（一）酒店选址

酒店选址可谓是最重要的一项决定。在业内有一句行话：任何酒店的成功，第一步就在于选址。

酒店业的先驱——斯塔特勒曾经讲过：决定一家酒店成功与否的最大因素就是place，place，place，即选址、选址、选址。

商务连锁酒店门店对于位置的选择，首选是商业区域，或是城市重要的商圈及周边。如果这些区域的物业房租不是高得离谱的话，那这家门店的投资筹建可谓是取得了一半的成功。

另外，如果在城市重要的一类商业地段找不到理想的位置，那可以退一步到"次商业中心"或"非黄金地段"进行选址，但需要选择这些地段区域的中心位置。例如，你想在宁波筹建开设一家商务连锁酒店门店，那么最为繁华热闹的商圈，便是"天一商圈"（见图2.1），但"天一商圈"的房租水平较高，未必能够找到合适的地址进行投资筹建，那么就可以选择类似于宁波的"万达广场""印象城"（见图2.2）这样的"次商业中心"中的黄金地段进行选择，也可以为你带来较为理想的商业回报。

图2.1　（黄金地段）天一商圈　　　　图2.2　（次商业中心）印象城

（二）物业现有条件

其次，要考虑到物业现有的基本条件，诸如：房产性质是否是商业用房，如果房产性质属于写字楼、工业用房或者商住性质，那么这种房产性质便不适合用来投资酒店，尤其是存在消防验收障碍情况的，更加不能用来进行酒店的开设、投资。

（三）房屋结构及水电配置

另一个因素是房屋结构及其水电配置，是否符合酒店开设的需要。当然，建筑可利用面积、空间合理因素也是选址的一大因素。

商务酒店主要以客房为主，需要考虑到物业所能提供的空间利用率，空间利用率直接决定了客房数量及收益。

另外也需要考虑到物业相关的市政配套设施，诸如排污、排水、电力配套等因素。

（四）租金成本

对于商务连锁酒店来讲，物业的租金成本尤为重要。一般而言，一家商务酒店的租金成本占到营业收入的20%左右，那这个物业投资才相对合理。只有租金成本与营业收入之间的比值是合理而科学的，才能拥有较为合理的盈利空间。

本专题中，我们了解了投资一家商务连锁酒店门店需要进行的选址分析，在下一专题中，我们将具体阐述除了选址外，还需要考虑哪些影响投资经济效益预测的因素。

学习目标

1. 掌握酒店营收水平的预测内容；
2. 掌握酒店费用预测的内容；
3. 能根据商务连锁酒店门店投资目标，进行酒店投资经济效益预测。

一、经济效益测算

酒店投资的另一项重要的测算，即经济效益测算。

经济效益测算，一般会预测一家酒店的营收水平，即整体收入水平，主要通过以下几个方面来进行预测。

（一）客房房价预测

周边酒店的平均房价水平和我们的竞争对手的竞争力息息相关，因为开设一家酒店，必须要首先找到最为直接的竞争对手，当周边酒店或同类酒店的房价水平与你自身酒店的房价水平较为一致的话，那是一种危险的信号，可以通过将自身酒店的房价定价略微降低或是略微提升两种方式进行，但提价的前提是，你自身的酒店在硬件设施或软件文化上有优于或独特于竞争对手的地方。所以说酒店房价水平是由自身的软件和硬件设施条件及周边竞争对手的房价水平共同决定的。

（二）酒店出租率预测

酒店出租率预测，是一个相对来说较为宽泛的概念。主要是客流量导入的预期数据，以及酒店管理水平、品牌合作、渠道建设等因素来共同决定的。

（三）酒店客房排房率

在酒店平均房价水平和出租率水平预测数据都框定的前提下，接下来需要考虑的预测数据便是排房率，即酒店的排房可以达到的比例，这与酒店的装修水平及客房定位息息相关，客房单个房间的面积大小、是否有暗房等都是排房时需要考虑的因素。

以上3个预测数据，是影响酒店整体营收水平的重要因素。

二、酒店的费用预测

在这一模块，我们把费用预测分为两个部分，一部分为可控费用，另一部分为不可控费用。

（一）可控费用

由该家酒店的管理水平来决定。可控费用包括以下几方面。

1. 员工工资

员工工资，即人工成本。一般而言，人工成本会占到整个商务酒店整体营业额的15%~20%，尤其是在目前劳动力市场尚未完善、社会用工情况比较紧张，而人均消费水平逐年提高的情况下，人工成本的比例呈现逐年上涨的趋势，所以15%~20%是相对较为合适的区间。

2. 能耗成本

能耗成本，主要是酒店企业的水电费。一家商务酒店的主要水电费来源，由空调、热水系统等设施设备的用水用电情况来决定，当然还受到酒店出租率等情况影响。一家经营正常的商务酒店，其能耗成本会占到酒店营业收入总额的10%左右，但如果出现酒店设施设备老旧、酒店出租率较高等情况，则能耗成本也会有所增加。

3. 日常消耗

日常消耗，主要包括洗涤费用、日常消耗品以及其他的杂费等。这些费用所占的比例在5%~10%，也是不可忽略的一部分支出。

以上三大部分，是酒店营业过程中必须要支出的款项，既和酒店出租率水平相关，也和酒店的管理水平相关，这些费用属于可控费用。

（二）不可控费用

酒店的营业收入减去可控费用之后，剩下的这一部分，我们称之为酒店的毛利。毛利和纯利之间的差距在于"酒店不可控费用"。

不可控费用包括两大部分。其与该酒店的管理水平以及店长的个人能力是没有直接关联的。

1. 房租成本

房租成本，即物业租金，这一部分成本费用与店长个人水平及整个团队的建设水平没有直接关系，是不可控成本费用。

2. 长期摊销成本

在正常的会计核算体系中，酒店基本上按照10年进行摊销，当然也不排除某些物业租赁期少于10年，按照具体的租赁期限来进行核算。如果一家商务连锁酒店，总投资金额为800万元，那么按照10年进行摊销，每年所承担的摊销费用为80万元。

所以说，长期摊销成本也是这家酒店的一项不可控成本。

在毛利中，将这两项不可控费用扣除，剩余部分才是酒店真正的纯利。

所以，在商务连锁酒店运营初期，我们务必需要考虑到这些数据测算，只有这些数据测算是较为合理而科学的，我们才能确定该商务酒店是值得投资经营的。如果这些数据测算较为勉强，预期收益并不是那么乐观，那么我们需要慎重考虑是否要进行该项目的投资筹建。

考核指南

基础知识部分：
1. 商务连锁酒店进行投资预测的重要性；
2. 商务连锁酒店投资预测需要考虑的因素。
实践操作部分：
以筹建一家商务连锁酒店门店为任务，对该门店的选址及投资预测进行分析及考量。

习题

1. （　　）是酒店投资最重要的一项决定。
  A.酒店选址 　　　　　　　　　　　　B.物业现有条件
  C.房屋结构及水电配置 　　　　　　　D.业主方投资总额

2. 商务连锁酒店门店位置的选择，首选是如下选项，除（　　）以外。
  A.商业地域 　　　　　　　　　　　　B.重要商圈
  C.商圈周边 　　　　　　　　　　　　D.居民住宅区

3. 如果在城市重要的一类商业地段找不到合适的门店开设位置，那么可以选择
（　　）。
  A.次商业中心 　　　　　　　　　　　B.非黄金地段
  C.次商业中心周边 　　　　　　　　　D.非黄金地段的中心位置

4. 下列哪类物业性质适合用来进行商务连锁酒店门店投资？（　　）
  A.写字楼 　　　　　　　　　　　　　B.工业用房
  C.商业性质 　　　　　　　　　　　　D.原有的经济型酒店改造

5. 一家商务酒店的租金成本占到营业收入的（　　）左右，那么这个物业的投资
是合理的。
  A.5% 　　　　　　　　　　　　　　　B.10%
  C.20% 　　　　　　　　　　　　　　　D.40%

6. 商务连锁酒店门店经济效益测算主要通过以下几个方面来进行预测，除（　　）
以外。
  A.客房房价预测 　　　　　　　　　　B.酒店出租率预测
  C.酒店客房排房率 　　　　　　　　　D.地段等级

7. 酒店房价水平的影响因素，包括以下几个部分，除（　　）以外。
  A.酒店软件设施条件 　　　　　　　　B.酒店营建设施条件
  C.周边竞争对手房价水平 　　　　　　D.市场的平均价格

8. 商务连锁酒店的可控费用包括如下模块，除（　　　）以外。

    A.员工工资　　　　　　　　　　　　B.客用品消耗

    C.能耗成本　　　　　　　　　　　　D.日常消耗

9. 商务连锁酒店的不可控费用，包括如下模块，除（　　　）以外。

    A.房租成本　　　　　　　　　　　　B.长期摊销成本

    C.物业租金　　　　　　　　　　　　D.员工工资

10. 商务连锁酒店投资预测，需要从以下几个部分进行预测，除（　　　）以外。

    A.酒店选址　　　　　　　　　　　　B.物业现有条件

    C.房屋结构水电配置　　　　　　　　D.业主方投资总额

专题三　酒店投资回报率分析

案例导入：想投资中端酒店吗？

一、中端酒店业绩简述

从数据上来看，中端酒店表现良好，除少数未能达到投资预期，整个市场均有不错的表现。此次调查对象包含智选假日、亚朵（含青居）、全季、桔子水晶（含桔子精选）、开元曼居、维也纳国际（含维也纳、维也纳皇家）、丽枫、希尔顿欢朋、如家精选、和颐等，共计10个品牌，调查中，以上中端酒店品牌单店年出租率均超过72%。

从地域业绩来看，华东区、华南区表现优异，整体出租率超过78%，平均投资回报周期在4.5年左右，投资回报率超过10%，平均中端酒店投资回报率超过高星级酒店2.5倍。其中，北京、上海、广州位列国内大陆地区经营业绩前三甲。

从经营总额来看，以上品牌平均每店年营业额在810万左右，截至2017年9月21日，以上10家酒店共计店面总数为1655家（以各家酒店集团官网发布数据合计为准），预计以上10家中端品牌共计年营收总额为134亿元，按各公司的发展计划预测，预计在2018年年底，以上10家中端酒店品牌总营收将突破200亿元。

二、品牌发展趋势

从各品牌的全国总量来看，维也纳国际（含维也纳、维也纳皇家）以489家的酒店总量，占据中端品牌总量第一名，其次是全季酒店350家占据第二名，丽枫酒店以开业237家酒店的总量占据第三名。（注：以上数据均来自各集团官网发布的酒店开业信息。）

上海成为各主流中端品牌中聚集量最多的城市，总量为218家，其次为深圳，共计119家。北京92家，广州86家，杭州84家。杭州的中端酒店还在快速发展中，预计在2017年年底，杭州主流中端品牌酒店总数将超越广州，成为中国中端品牌酒店的第四大市场。

在酒店产权网的投资人库中，对于华东区域、华南区域的投资热情仍然引领全国，在中端酒店市场中持续降温的东北地区，预计后期表现将继续低迷。

三、最具中端酒店投资潜力城市

最具投资潜力城市评定主要从交通、人口、消费能力、增长潜力、酒店物业存量基数等因素考量。

从城市来看，各一线城市的中端酒店投资回报率增幅减少，高起的租金成本导致酒店投资方利润有所下降。酒店投资人对新潜力的城市寻求并未停止，热门的二线城市因较低的租金成本和运营成本，反而提高了酒店投资回报率。

　　五大酒店投资潜力城市：综合数据显示，杭州位列潜力城市的榜首，其次为厦门、成都、合肥、郑州等城市。该潜力城市的分析，基于未来酒店投资回报和人流流入等多方因素考量，一线城市基于在酒店数量、物业存量以及成本等原因，并未进入五大投资潜力城市。

（摘自搜狐旅游，2017年10月10日）

学习目标

　　1. 了解酒店投资回报需要考虑的因素；
　　2. 掌握酒店投资收益回报率的测算方法；
　　3. 能进行酒店投资回报率分析预测。

■ 商务连锁酒店投资
回报率分析

一、酒店投资回报需要考虑的因素

　　关于酒店经营管理各项标准数据，我们一般可以通过5个数据进行考察：建筑面积、客房数、总投资额、平均出租率、平均房价。

　　这5个数据，在一定程度上说明了酒店企业的基本情况及效益。

　　例如：五星级酒店，总的建筑面积除了客房数，平均一间客房建筑面积为100平方米，四星级酒店为85~90平方米，三星级酒店大体上在80平方米，依次类推。

　　投资额方面：按建筑面积每平方米，五星级酒店平均是10000元，四星级酒店平均是8000~9000元，三星级酒店平均是6000~8000元，依次类推。（以上成本包括基建、机电、内装、软装等。）

　　出租率：一般我们在计算酒店的出租率时，将65%作为平均盈亏平衡点，但随着整个行业平均出租率的下调，所以这一百分比可以基本框定为58%~60%。一般来说，酒店最佳的出租率为75%~80%，极限出租率为85%，超过85%的出租率，就属于破坏性经营。

　　一般而言，将这5个数据进行参照和对比，基本上就可以测算出该酒店企业的经营状况是否合理。

　　对于每一个立志进行商务连锁酒店投资和运营的酒店人来讲，投资成本和投资回报率是投资前必须考虑的问题，而在投资一家商务连锁酒店之前必须做好可行性分析，这是前期最重要的工作环节，主要涉及酒店选址、环境、规模、功能以及后期的主题定位及装修风格等方面的考虑。

　　商务连锁酒店相较于星级酒店，其投资成本相对较少，运营成本也较低，所以其市场定位是关键因素，因为会涉及往后的主题风格、装修设计以及后续的企业收益、发展等因素。一般而言会考虑以下几个因素。

　　（一）酒店选址

　　关键词：合适的地段、物业产权、消防要求、物业面积、物业必备、物业结构、

物业楼层、谈判技巧、物业租赁、物业寻找渠道、市场环境。

1.合适地段（一个合适的地段代表你的酒店成功了一半）

商务连锁酒店的地段选择范围主要在：

（1）成熟的商圈（或次中心地带）：位于城市的大型商务区、商业中心、会展中心、中高档（大型）居民住宅区、大学城、景点等商圈成熟区。

（2）交通要塞：近火车站、码头、长途汽车站、地铁沿线、交通枢纽中心等交通要塞，交通流动性好，进出口便利宽敞，并且有良好的可视性和可进入性，一般是"金边银角"。

2.物业产权

（1）物业产权性质可以包括商业、住宅、工业、办公、综合、商住。

（2）可用于进行酒店投资的物业，产权要求房东或本人的房产证中规划用途或设计用途一栏的产权性质属性为商业用地性质或商住用地中的商业房屋类型，可审批为投资酒店，主要涉及消防要求。

3.消防要求

在酒店物业这块需要注意的是：物业建筑必须有2个消防楼梯（即消防步梯），两个楼梯之间的距离在44米之内；物业面积大于等于3000平方米或者单层建筑面积大于1500平方米的物业中，必须具备喷淋烟感装置。而小于等于1000平方米的物业，可以不设置烟感报警器。

4.物业面积

在进行商务连锁酒店物业选择的时候，我们通常会参照下列的物业面积标准：

在一、二线城市中，会选择物业面积在2000平方米以上的物业；

在三线城市及县级城市或同等区域，一般会选择面积在1500~2500平方米的物业，45~75个房间，若物业面积在1000平方米左右，从成本和经营角度考虑，最好是在同一楼层，这样会更加有利于运营管理。

5.物业结构

在选择物业改造时，一般会选择以下物业结构的物业来源，以方便酒店改造的可行性、工期长短以及改造成本的投入等问题。

（1）框架结构：最适合做酒店的物业结构，可利用空间大、排房整齐，且出房率高。

（2）砖混结构：只有原物业构造适合做酒店的方可以，限制了房间的数量与房间的面积。

（3）框架–剪力墙结构：虽然在一定程度上限制了房间数量的多少，出房率相对较低，不是最理想的物业框架，但在实际投资过程中也算是较为常见的物业结构类型。

（4）钢结构：这种类型的物业结构，由于钢材料容易腐蚀、保养费用较贵，所以也较少用于酒店。

6.物业必备

在选择物业进行酒店改造时，需要考察物业的以下条件：

（1）良好可视性的外观，预留"三招"位置。

（2）大厅必须在一楼，两层以上的物业最好有电梯。

（3）上下水必须有管道，空调外机必须有悬挂位置。

7.物业楼层

（1）独栋建筑是最理想的物业楼层结构。

（2）楼中楼：如果只是使用整个建筑的部分楼层，则尽可能选择靠上的楼层，这样相对来说，租金成本较低，并且住宿相对较为安静，视野开阔，楼顶又方便布置水箱、太阳能等建筑配套设施。

8.物业租赁

（1）租期：通常为10~15年。

（2）租金：可按照月每平方米计算（月租金），也可以按照天每平方米来计算（日租金）。

（3）租金递增：通常的标准为每3年递增5%~8%。

（4）免租期：如果有"免租期"的附加条件，可以考虑3个月以上的免租期附加条件。

9.谈判技巧

在寻找物业进行租赁时，需要具备一定的谈判技巧，如：

（1）不透露自身愿望或底线。

（2）寻找物业的问题并借此压低价格。

（3）不可过于主动。

（4）强调自身的资金压力。

10.市场环境

主要指酒店住宿配套：

（1）周围1.5~2千米内有商业圈，搭配"吃住行游购娱"等配套设施。

（2）不建议选择工厂附近或KTV同楼等嘈杂环境。

（3）可以考虑旧宾馆林立区位，这样开发连锁酒店具有一定的基础和优势。

11.物业寻找渠道

可通过如下渠道进行物业资源的开发：

（1）通过58同城、赶集网、赢商网等网站发布，寻找求租信息。

（2）联系旧宾馆转让。

（3）朋友关系介绍。

（4）接触当地新楼盘。

（5）空余时间"扫街"寻找挂横幅出租的物业。

（二）酒店装修

主要涉及施工标准筹建、工程设计以及工程监管等环节。

在此章节，我们主要针对房间内的工艺标准、材料标准、水电暖设施设备及标准做一定的描述说明，并以"尚客优精选酒店"客房装修标准作为案例进行详细说明。

1.墙体地面标准

（1）墙砖标准：进口厚微晶表面、3D高清喷墨印刷、防水耐磨耐腐蚀底层釉、由7200吨压机压制而成。

（2）地砖标准：超强抗拆大于65Mpa、抗菌无辐射、5D幻彩打印、吸水率检测为0.17、光泽度为90以上。

（3）地板标准：纹理清晰、EO级环保标准、抗冲击、抗静电、耐污染、耐光照、耐香烟和灼烧、安全方便、保养方便。

（4）壁布标准：无缝拼接、环保无味、防水防油防污、护墙耐磨、防霉防污、高性能吸音、隔音、隔热，且色泽稳定。

2.家具标准

（1）床体标准：优质环保三聚氰胺颗粒板，防火板贴面、阻燃、防污、耐剐损、耐磨性强。

（2）组合衣柜、床头柜、桌椅标准：防潮抗变形强度达3A级，天然木纹调色、进口优质油墨印刷、软包椅采用高档面料，不起球、不褶皱、不起静电、耐磨损。

3.客房电器标准

（1）电视机标准：画面精细稳定、卓越呈现，有更为舒适的视觉享受。

（2）空调标准：静音无声，全方位快速运行。

（3）消毒柜标准：时尚外观设计，轻便结实的箱体，便于分类存放物品的内置层架；紫外线杀菌力超强，杀菌力高达99.9%的消毒标准。

（4）灯具标准：通过视觉效果烘托整个房间的温暖。

（5）电吹风标准：采用抗冲击阻燃、复合PC等特殊材料，外壳坚固耐用，双重开关，双重超温自动采用保护装置、安全保险过关。

（6）电水壶标准：简约设计、实用与时尚完美融合，具有双重安全保护，缺水时自动断电，隐蔽式底部，高效不锈钢发热盘加热，清洗方便。

4.卫生间设备标准

（1）洗脸盆标准：高温锻造玻化，吸水率小于0.2%，防龟裂、防臭。

（2）恭桶标准：诸如全球顶尖卫浴品牌"科勒"，五级旋风冲水系统，超强冲水，比国家GB节水标准节约20%左右，全包式排污管道，美观大方且易于清洁。

（3）花洒标准：诸如59精铜国际先进的重力铸造工艺、五层电镀、盐雾测试超过24小时，超强耐腐蚀能力。

（4）五金件标准：采用时尚、轻巧、经久耐用的五金件产品，外层有厚氧化膜，不易褪色、不变色，有独具匠心的设计理念，具有不留水斑、不结水垢、不粘油污等特性。

（5）水龙头标准：使用黄铜铸造水龙头，表面经电镀后采用特殊工艺做杆，磷分处理，含铅量小于1%。符合环保潮流，水汽混合出水，有效节水率达到30%。

5.棉织品标准

（1）床垫标准：采用具有科技含量的乳胶床垫、进口天然乳胶床垫，床垫具有自然清香、杀菌抑螨的作用，几十万空气孔、全方位空气导槽、独立袋装弹簧能有效延长床垫使用寿命。

（2）棉被标准：全羽绒填充被、高档贡缎印花工艺；高密度防绒面料，双针缝线锁绒工艺，确保正常使用20年，不跑绒，满足客人对睡眠质量的高要求。

（3）枕头标准：通常配备两种硬度、两种高度的枕头，一种超舒适鸭绒填充，另一种超柔软仿羽绒填充，给客人以最为充分的选择权利。

（4）毛巾、浴巾、地巾标准：采用螺旋缎档工艺、毛圈稠密而柔软，质地柔软触感好，蓬松立体感强，吸水性好，使用感受更为舒适的卫生间布草。

（5）四件套标准：采用80%棉＋20%涤，漂白60S×40S，可替换、全工艺喷气织造的棉织品四件套。

二、投资收益回报率测算

（一）案例一：以投资一家在某二级城市一级地段的商务连锁酒店为例

按照4000平方米/100间客房进行计算。

1.总投资＝装修费用＋加盟费用

装修费用＝综合单房造价×房间数＝8×100＝800（万元）（含公共区域及前期运营采购），

加盟费用＝装修费用×5.375%＝800×5.375%＝43（万元）。

所以，总投资＝装修费用＋加盟费用＝800＋43＝843（万元）。

2.营业额收入

年均房费收入＝房间数×开房率×平均房价×天数＝100×80%×300×365＝876（万元），

年均非房费收入＝平均房费收入×非房费收入占比率＝876×10%＝87.6（万元），

所以，营业额收入＝年均房费收入＋年均非房费收入＝876＋87.6＝963.6（万元）。

3.毛利润

经营毛利润＝营业额收入×65%＝963.6×65%＝626.34（万元）。

4.物业租金

物业租金＝月租金（元/平方米）×月数×面积（平方米）＝60×12×4000＝288（万元）。

5.运营成本

运营成本＝房间数×房间单价（元/间）×天数＝100×100×365＝365（万元）。

6.管理费

管理费＝营业额收入×5%＝963.6×5%＝48.18（万元）。

7.回报期

回报期＝总投资/（毛利润－租金－管理费）＝843÷（626.34－288－48.18）＝2.91（年）。

所以，该商务连锁酒店的投资回报期为2.91年。

（二）案例二：计算加盟投资收益分析

以某城市投资100间客房为例，具体分析投资回报的步骤如下：

1.年均销售收入

年均销售收入=房间数×出租率×平均房价（元/间）×天数=100×80%×350×365=1022（万元）。

2.年均经营毛利润

假设年均经营毛利润率为60%，年均经营毛利润=1022×60%=613.2（万元）。

3.固定资产和装修费摊销（按照8年摊销的额度）

房间数×每间装修费用÷8=100×8÷8=100（万元）。

4.特许经营主要费用（经营费和管理费，按照5%计算）

1022×5%=51.10（万元）。

5.系统维护费用：0.8万元

6.租赁费或房产税（按照每间客房40平方米计算）

40×100=4000（平方米），

4000×0.5×365=73（万元）。

7.营业利润

613.2−100−51.10−0.8−73=388.3（万元）。

8.营业所得税金

388.3×25%=97.075（万元）。

9.税后利润

388.3−97.075=291.225（万元）。

10.营运现金流

税后利润+折旧摊销费=291.225+100=391.225（万元）。

11.初始投资

装修费用+加盟费用+系统安装使用费=800+100+1=901（万元）。

12.年投资回报率

年投资回报率=营运现金流÷初始投资=391.225÷901=43.42%。

13.投资回收期

如果投资900万元左右，投资回收期为901÷391.225=2.3（年）。

所以，投资2~3年可以收回成本。

（三）案例三：以位于一级城市一级地段某商务连锁酒店为例

酒店投资总面积为8000平方米，200间客房，年平均出租率为85%（保守估计），平均房价为268元，装修改造及设备购置费7万元/间，以管理公司直营15年为参考计算收益。

具体计算步骤如表2.1所示。

表2.1　某商务连锁酒店投资收益分析（管理公司直营模式）

项目	某管理直营业主模拟投资收益
年均销售收入	200间×85%×268元×365天=1662.9万元
年均经营毛利润（按照年均62.1%计算）	1662.9万元×62.1%=1032.7万元
管理顾问费（按照15年摊销）	200间×0.3万元/15年=4万元/年
改造装修费（按照10年摊销）	200间×7万元每日装修费用/10年=140万元
管理服务支持费（按照平均6%计算）	1662.9万元×6%=99.8万元
房屋租金［按照平均1.0元/（米²·天）］	8000平方米×1.0元/（米²·天）×365天=292万元
保证金	10万元（免收）
税前利润	1032.7万元−4万元−140万元−99.8万元−292万元=496.9万元
税前收益率	496.9万元÷1400万元=35.5%
营业所得税金	496.9万元×25%=124.2万元
税后利润	496.9万元−124.2万元=372.7万元
年投资收益率	372.7万元÷1400万元=26.6%
投资回报期	1400万元÷372.7万元=3.8年

（四）案例四：某商务连锁酒店投资效益解析（与经济型酒店投资收益对比分析）
见表2.2。

表2.2　某商务连锁酒店与经济型酒店投资收益对比分析

商业模式	商务连锁酒店（中档）	某经济型酒店A	某经济型酒店B	某经济型酒店C
城市地段	一线城市	二线城市一级地段	一线城市	一线城市
客房数量/间	200	120	100	100
酒店面积/米²	9000	4200	3500	3000
租金/元（米²·天）⁻¹	1.25	0.90	1.50	1.10
平均房价/元	268	164	200	160
入住率/%	88	80	90	90
RevPAR（单房实收）/元	236	131	180	144

续 表

商业模式	商务连锁酒店（中档）		某经济型酒店A		某经济型酒店B		某经济型酒店C	
年均经营利润/%	60		50		55		60	
每间装修投资/元	75000		50000		55000		48000	
折旧年限/年	8		8		8		10	
特许加盟费用（收入×6%）	—		—		—		—	
每间一次性特许费用/元	3000		3000		3000		3000	
特许管理费用	收入×6%		收入×6%		收入×6%		收入×6%	
每年系统维护费/元	7200		10000		0		0	
运营启动资金/元	500000		0		300000		200000	
年均房费销售收入（/万元）及占比	1721.6	100%	574.7	91.3%	657.0	100%	525.6	95.2%
非房费收入（/万元）及占比	—	0%	54.6	8.7%	—	0%	26.3	4.8%
总收入（/万元）及占比	1721.6	100%	629.2	100%	657.0	100%	551.9	100%
经营毛利润（/万元）及占比	1033.0	60%	314.6	50.00%	361.4	55.0%	331.1	60.0%
年租金（/万元）及占比	410.6	23.9%	138.0	21.9%	191.6	29.2%	120.0	21.7%
合作费摊销（5年）（/万元）及占比	12.0	0.7%	—	0.0%	—	0.0%	6.0	1.1%
装修折旧（/万元）及占比	187.5	10.9%	75.0	11.9%	68.8	10.5%	48.0	8.7%
固定费用合计（/万元）及占比	610.1	35.4%	213.0	33.8%	260.4	39.6%	174.0	31.5%
营业利润（/万元）及占比	422.9	24.6%	101.7	16.2%	101.0	15.4%	157.1	28.5%
财务费用（/万元）及占比	2.4	1.0%	—	0.0%	—	0.0%	—	0.0%
特许管理费用（/万元）及占比	104.0	6.0%	38.8	6.2%	32.9	5.0%	38.6	7.0%
税前利润（/万元）及占比	316.5	17.5%	62.9	10.0%	68.1	10.4%	118.5	21.5%
所得税（/万元）及占比	79.1	4.6%	15.7	2.5%	17.0	2.6%	29.6	5.4%
净利润（/万元）及占比	237.4	12.8%	47.2	7.5%	51.1	7.8%	88.9	16.1%

商业模式	商务连锁 酒店（中档）	某经济型酒店A	某经济型酒店B	某经济型酒店C
装修投资/万元	1500	600	550	480
特许费用/万元	60	36	30	30
启动资金/万元	50	—	30	20
总投资/万元	1610	636	610	530
现金净赚 （年）/万元	437	122	120	143
年投资 收益率	27.1%	19.2% （官方数据）	19.6%	27.0%
投资回 报期/年	3.7年	5.2年	5.1年	3.7年
免所得税 投资回收期/年	3.1年	4.6年	4.5年 （官方数据）	3.07年 （官方数据）

分析完商务连锁酒店门店的投资效益和投资回报率，确定了筹建方案后，需要进行营业注册工作，在下一专题中，我们将会一起来探讨门店的营业注册工作需要哪些环节及流程。

考核指南

基础知识部分：

1. 酒店投资回报需要考虑的因素；

2. 酒店投资收益回报率的测算方法。

实践操作部分：

以筹建一家商务连锁酒店门店为任务，测算该门店投资收益回报率。

习题

1. 酒店经营管理标准数据，包括如下指标，除（　　　　）以外。

    A.建筑面积　　　　　　　　　　　B.客房数

    C.总投资额　　　　　　　　　　　D.房价

2. 酒店选址需要考虑如下因素，除（　　　　）以外。

    A.地段　　　　　　　　　　　　　B.物业产权

    C.消防条件　　　　　　　　　　　D.投资者喜好

3. 下列哪种物业结构最适合进行酒店改造？（　　　　）

    A.框架结构　　　　　　　　　　　B.砖混结构

    C.框架—剪力墙结构　　　　　　　D.钢结构

4. 酒店物业结构必须有（　　　）个消防楼梯。

    A.1　　　　　　　　　　　　　　　B.2

    C.3　　　　　　　　　　　　　　　D.4

5. 商务连锁酒店的地段可选择以下位置，除（　　　）以外。

    A.商业中心　　　　　　　　　　　　B.会展中心

    C.居民楼　　　　　　　　　　　　　D.交通要塞

第三节　商务连锁酒店营业注册

案例导入：格林豪泰酒店起诉山寨酒店商标侵权

日前，中国经济型酒店市场知名的格林豪泰酒店管理集团（以下简称：格林豪泰）起诉盐城市亭湖区一酒店——"格林之家商务酒店"商标侵权和不正当竞争，该酒店在营业招牌、名片、浴帽、牙具、浴巾、一次性拖鞋、香皂、房卡等物品上大量使用了"格林之家""Green Home"字样和"橡树"图形，与"格林豪泰""GreenTree Inn"等注册商标构成近似，足以使消费者对服务的来源产生误解。

2008年，格林豪泰在住宿等服务项目上申请注册了"GreenTree Inn及图"商标。经过7年多的发展，格林豪泰已在国内享有很高的知名度，深受消费者的喜爱，"格林豪泰""GreenTree Inn"字样和"橡树"图形已成为格林豪泰最经典的服务标识，象征着酒店的健康与环保理念。然而近年来，市场上出现了许多仿冒格林豪泰品牌的山寨酒店，这些山寨酒店突出使用中文"格林"、英文"Green"和"橡树"图形，致使消费者将其误认为是格林豪泰酒店，2011年12月格林豪泰酒店管理集团委托上海市汇茂律师事务所范文辉律师向盐城市中级人民法院依法提起诉讼，起诉"格林之家"商标侵权和不正当竞争。

盐城市中级人民法院认定："被告经营的格林之家酒店与原告属于相同行业"，经比对，"格林之家""Green Home"文字及图形在整体外观、图形特征、中英文字体表现上与原告的"GreenTree Inn及图"和"格林豪泰"注册商标没有明显区别，构成近似。被告在原告注册商标取得一定市场知名度的情况下，未经原告许可，将和原告的注册商标相近的文字、图形在类似的市场经营中进行商业使用，足以造成相关公众的混淆和误认，其行为违背了诚实信用的市场经营准则，侵害了原告的注册商标专用权，依法应该承担停止侵权、消除影响、赔偿损失等法律责任。2012年2月20日，盐城市中级人民法院作出判决，确认"格林豪泰酒店已成为国内具有一定知名度的经济型连锁酒店"，判决格林之家商务酒店停止对"格林豪泰"和"GreenTree Inn及图"注册商标专用权的侵害，在《盐城晚报》刊登公告，消除对格林豪泰酒店的不良影响，并赔偿经济损失。

（摘自美通社，2012年2月28日）

学习目标

1. 掌握商务连锁酒店营业执照的申请流程；
2. 掌握商务连锁酒店商标注册的要点；

■ 商务连锁酒店
营业注册

3. 掌握商务连锁酒店筹建申请的内容；

4. 能开展商务连锁酒店门店的营业注册工作。

一、营业执照申请

在完成酒店经济效益预测后，我们着手开始进行商务连锁酒店的工商营业注册工作，具体包括营业执照申请、商标注册以及筹建申请。

如果是一家直营店，由总部进行工商营业注册，成为总部的一家分公司或是子公司。如果是一家加盟店，那么由业主方单独独立注册一家酒店管理公司，因为在后期工程筹建、行政审批中都必须由这家管理公司出面来进行相关的工作，所以注册一家酒店管理公司尤为重要。

酒店工商注册环节，相对较为简单，按照工商注册流程进行就可以，工商营业执照的申请具体包括以下几个步骤。

（一）名称核准

酒店管理公司名称的核准，需要通过工商部门的审核，以免公司名称会有重名或相似的公司名称，避免后续不必要的麻烦。

（二）材料准备

具体包括公司股东章程、股东会议决议等文本资料，根据工商管理相关要求及具体操作步骤去执行。

二、商标注册

（一）酒店名称确定

如果是商务连锁酒店门店，直接挂商务连锁酒店的品牌即可。例如，要开设一家宁波青藤酒店集团下属的商务连锁酒店的门店，直接注册青藤酒店集团下属的"南苑e家"或"四季青藤"名称即可，因为这些都是青藤酒店集团下属的独立品牌。而如果要开设一家宁波轩和酒店管理公司下属的商务连锁酒店的门店，直接加盟"逸宿"或"逸宿轻居"品牌即可，因为这些都是轩和酒店管理公司下属的独立品牌。

（二）商标注册

如果是一家单体的商务酒店，并且你希望以这家单体商务酒店为基础，在未来的发展计划中，做一定的衍生和拓展，从而扩大公司规模，那么这家商务酒店的取名就较为讲究。这时，需要到国家商标局申请注册商标，而这一过程可能历时10~12个月。

三、筹建申请

所拥有或租赁的物业，是否能够进行酒店的装修筹建，必须要符合相应的资质要求，例如：第一，物业是否具备土建建筑的施工验收许可证，如果没有相关的施工验收许可证，就不能进行装修筹建；第二，是否拥有消防验收许可证，如果该物业没有消防验收许可证，也不能执行装修筹建。

施工验收许可证和消防验收许可证是物业进行装修筹建的必要条件，接下来，就需要招募装修公司，而装修公司也需要满足一定的资质要求，具体包括装修资质、消防安装资质等要求。

当物业方选择好一家具有资质的装修公司后，该装修公司就可以开展一系列的装修前期工作，包括酒店装修设计、消防施工设计图审批以及样板房框定等工作。

（一）装修设计

装修设计，是酒店装修的先行工作，必须由业内资深的设计师参与。设计师根据商务连锁酒店的设计要求以及业主方的一些需求，再考虑到目前行业内所流行的一些元素，最终形成该物业的设计图纸。

在施工开始前，应完成项目施工图纸及相应资料，并递交酒店集团审核确认。

递交的方案部分必须包含：

（1）周边地图。

（2）总平面图，其中应列出建筑物、停车位、景观区域。

（3）各区域平面图，楼层平面图（包括：客房的数量，建筑开间数量，楼层数，停车位数量，房型分析表，标准客房，卫生间图纸，餐饮区和会议室的座位数，所有空间的面积，建筑物总面积，景观范围）。

（4）外立面图，标明提议的建筑物店招标识位置。

（5）室内设计，包括概念、效果图样板和材料以及五金及灯具选型列表。

施工图部分递交必须包含：

（1）全套施工图和施工说明，由有设计资质的设计单位出图盖章，并在施工开始之前提交到酒店集团予以批准（包括完整的装饰水电施工图，设备布置及机械、管道和电器设计），竣工后递交竣工蓝图电子版一份备案。

（2）所有房间的饰面，门和五金清单。

（3）通信及弱电设计（包括未包含在电气图纸中的相关设计）。

（4）标示/图案设计（位置，结构和电气）。

（5）早餐厅，服务间，厨房设备和洗衣房设备布局图，包括设备清单。

（6）递交的室内设计材料应该包括但不限于客房及公共空间设计，其中包括室内标识、灯光和材料。并附有专业编制的材料样板（示意实际材料）和相关规范。此类材料应送至酒店集团设计部，并存留相关提交资料。

（二）消防施工设计图审批

当设计图纸完成后，我们需要进行装修前的申报工作，包括消防备案。当这些设计图纸转换成消防施工设计图，那必须将这些消防施工设计图拿到消防大队进行备案，达到审批要求后，才能进行酒店的装修施工。

（三）样板房框定

在正式进行物业施工前，需要进行"样板房"的框定。

"样板房"的框定有利于：从实际装修效果来审核设计的理念，以及判断实际效果是否能够达到预期；能够对于酒店下一步的装修投资测算提供基础数据。通过"样板房"可以测算这家酒店的投资水平和规模，做到投资成本的合理管控；"样板房"的选择框定，为业主方提供了多家可供选择的装修公司，从而挑选出最为合适的装修公司进行后续的合作项目。一般物业公司会在前期安排2~3家装修公司进行备选，当"样板房"出来后，装修公司的技术及管理水平，均可以通过"样板房"进行呈现，从而为物业公司提供选择的依据。

当"样板房"确定后，这家物业公司整体的装修投资规模以及装修公司的选择，基本上可以确认。接下来，便是装修公司需要对整体的装修投入形成一个较为明确的方案及管控。这样该酒店的装修筹建工程就可以开展起来。

考核指南

基础知识部分：

1. 掌握商务连锁酒店营业执照的申请流程；
2. 掌握商务连锁酒店商标注册的要点；
3. 掌握商务连锁酒店筹建申请的内容；
4. 以筹建一家商务连锁酒店门店为任务，开展该门店的营业注册申请工作。

习题

1. 商务连锁酒店的工商注册环节，包括营业执照申请、商标注册以及（   ）。
   A.筹建申请　　　　　　　　　　　　B.店名注册
   C.营业注册　　　　　　　　　　　　D.设计申请
2. 直营店由（   ）来进行工商注册。
   A.门店店长　　　　　　　　　　　　B.业主方
   C.董事会　　　　　　　　　　　　　D.总部
3. 加盟店由（   ）来进行工商注册。
   A.门店店长　　　　　　　　　　　　B.业主方
   C.董事会　　　　　　　　　　　　　D.总部
4. 工商营业执照的申请包括名称核准及（   ）。
   A.材料准备　　　　　　　　　　　　B.营业注册
   C.店名注册　　　　　　　　　　　　D.商标注册
5. 工商营业执照申请中的材料准备环节中的材料包括：公司股东章程和（   ）。
   A.公司股东目录　　　　　　　　　　B.股东会议决议
   C.公司股东权益　　　　　　　　　　D.公司股东职责
6. 商标注册需要到（   ）进行注册商标的申请。
   A.国家商标局　　　　　　　　　　　B.省商标局
   C.市商标局　　　　　　　　　　　　D.地县商标局

7. 物业不能进行装修筹建，可能是因为缺少施工验收许可证和（　　）。

　　A.装修验收许可证　　　　　　　　B.设计验收许可证

　　C.筹建验收许可证　　　　　　　　D.消防验收许可证

8. 承担装修工作的装修公司需要满足如下资质要求：装修资质和（　　）。

　　A.设计资质　　　　　　　　　　　B.筹建资质

　　C.采购资质　　　　　　　　　　　D.消防安装资质

9. （　　）是酒店装修的先行工作。

　　A.样板房框定　　　　　　　　　　B.基础工程筹建

　　C.装修设计　　　　　　　　　　　D.家具装潢

10. 当（　　）确定后，基本上可以确认物业公司整体的装修投资规模及装修公司的选择。

　　A.设计图纸　　　　　　　　　　　B.选址

　　C.施工图纸　　　　　　　　　　　D.样板房

第四节　商务连锁酒店工程筹建

案例导入："成本杀手"郑南雁

在7天时期，时任CEO的郑南雁被外界认为是酒店业的"离经叛道者"，虽然他一直以来对"成本杀手"的外号不甚满意，但他并不是浪得虚名。

在7天的创始管理团队里，只有20%的人员来自酒店行业，郑南雁的IT男出身更让7天有着与生俱来的IT基因。创立之初，7天就开发了一套将网络、呼叫中心、短信和店务管理系统集为一体的IT系统，这套系统是7天节省成本的核心之一，分店所有的预订和入住情况都掌控在总部手中，因此7天从一开始就打破传统，在单店不设会计。

对于"7天房间窗口可与监狱媲美"的玩笑，郑南雁认为窗口大并不是经济型酒店顾客最需要的，"窗口小了，窗外噪音也小了，打扫窗户的人力成本也减少了"。同样的，在7天，吹风机只在每层楼的楼梯口装一个，房间的桌子不装屉子，衣柜也省了。他认为"洗好澡、上好网、睡好觉"才是顾客的核心需求，于是7天推出了星级优眠床垫、10秒速热淋浴、免费WIFI、洁净毛巾封包等并不廉价的服务。当然，原本是为了卫生而采用的毛巾封包反而因省去未拆封毛巾的洗涤而节省了成本。2009年时，7天一个房间投入成本约5万元，而其竞争对手是7万~10万元。

在"成本杀手"郑南雁的治理下，7天内部也形成了独特的管控体系。"对于一个大的羊群来说，我需要管的是领头羊。牧羊人会用鞭子指挥领头羊走正确的路。领头羊走正确的路之后，绝大部分羊都会跟着领头羊往前走。有一些落后的，也用鞭子抽它。"这就是7天著名的"放羊式管理"，削掉管理的中间层，又节省了一大笔成本。

（摘自搜狐财经，2017年5月7日）

学习目标

1. 掌握商务连锁酒店装修基础工程标准内容；
2. 掌握商务连锁酒店消防及工程监理要点；
3. 能够开展商务连锁酒店门店工程筹建工作。

一、酒店装修基础工程标准

（一）酒店装修工程标准

当酒店施工工程开始后，酒店方需要密切关注施工工程的具体开展情况以及进程安排，即施工监理工作。具体包括：

1. 基础工程标准

作为管理方，需要对施工方进行密切关注和监督。对施工方材料的选择、隐蔽工程的施工环节以及施工现场的管理、施工进度安排、特殊施工工艺衔接，都需要管理方在现场对施工工作进行及时地沟通与处理，解决相关问题（具体工程装修手册详见附件1）。

■ 商务连锁酒店工程筹建：装修基础工程标准

2. 遵循工程施工手册

作为管理方，在整个施工过程中，需要严格按照商务连锁酒店施工工程的规范要求来执行。商务连锁酒店的施工规范要求必须达到公司总部所框定的工程施工手册要求，从而才能达到连锁酒店的标准化和一致性。例如，水电系统的安排和布局、具体设施的材料要求、具体立面要求、效果呈现等都必须在商务连锁酒店总部工程部颁发的工程施工手册的规范内开展进行。

所以，遵守基础工程标准及总部的工程施工手册是我们开展具体施工监理过程中的两个核心原则。

（二）其他辅助工作

1. 装修主材的提供

一般在装修过程中，由甲方来提供装修的主材。例如：消防系统、热水空调等设施设备、灯具及开关、弱电系统、水电配套等材料，都是在整个酒店施工工作中、在监理工作之外，需要进行的工作。当然上述的装修主材，都是按照商务连锁酒店总部的规范要求和标准执行，从而体现连锁酒店的统一性和标准化以及品牌的有效利用。

2. 其他材料的采购

卫生间的五金、洁具，客房的地板，走廊的地毯，客房内部的墙纸、窗帘、家具、床垫、电视机、门锁、餐厨设施等材料都是筹建过程中，作为管理方需要采购和落实的材料项目。在此基础上，还需要涉及客房棉织品、客用杂件、餐具、易耗品等物品采购工作。

在具体的采购过程中，不仅需要对其数量进行把控，并且还要严格把控相关材料的质量及具体的参照数据，例如棉织品的支数、地板材料的硬度、厚度和转数，地毯的选材等具体数据。

二、酒店消防工程及工程监理

（一）酒店消防工程

酒店的消防工程，对于酒店来说，尤其在酒店的筹建工程阶段非常重要。

商务连锁酒店工程筹建：消防工程及监理

酒店是一个人员密集型企业，所以消防工程是酒店安全防范工作的重中之重。酒店的消防工程，主要是从三个阶段来开展。

1. 酒店的消防设计

酒店的消防设计图，必须要通过有资质的设计公司进行专业的消防设计，才能进行提交。

2. 酒店消防设计的提交

酒店消防设计图完成后，需要进行消防设计图的提交，提交的部门是酒店的主管消防部门，即消防大队。当酒店的消防设计图符合消防大队的图纸审批要求以后，酒店才能进行提报，并在消防大队备案。

3. 实地验收

在酒店的工程筹建过程中，酒店的消防工程是非常重要的，必须按照《中华人民共和国消防法》的要求，对酒店的消防工程进行严格的筹建和监管。

在酒店的消防工程，以及酒店的整体装修工程结束以后，必须提交相应的消防申请给消防大队。所属的消防大队会派出消防大队管理人员，即消防大队的参谋或指导员等管理人员来进行实地的验收。只有当实地验收通过后，才可以给这家酒店颁发消防合格证书，也只有当这家酒店取得了消防合格证书后，这家酒店才有资格去办理其他相应的酒店证照。

（二）酒店工程监理

酒店工程监理是在酒店装修筹建阶段非常重要的一项工作，开展顺利与否，对于这家酒店日后的经营、运营都会带来非常大的影响。

酒店的工程监理工作主要包括：

（1）负责酒店装修主材的选购及主材的仓库保管，防止主材被挪用或被浪费。

（2）负责整个酒店施工工程的进度安排，安排好施工的前后顺序，这对于整个酒店的装修、施工的推进会带来非常大的帮助，也便于节约酒店的装修工程的时间。

（3）负责做好各个酒店装修供应商的互相协调和衔接，让酒店的供应商们能够在相应的时间节点把物资物品装配到位。

（4）负责对各个供应商进行管理和协调，这决定了酒店的供应商是否可以较为顺畅地将其物资物品进行上货，从而不影响酒店施工工程的开展进度。

（5）负责在项目的装修施工阶段，对酒店的整体现场进行管理，包括所有装修物资物品的定点摆放、装修工人的劳动纪律、场地的安全管理等各方面的管理工作。

（6）负责在酒店所有施工结束后，对于施工的质量进行验收，即所有工序结束后，都需要进行验收或抽查，从而确保工程施工的质量。

酒店的工程筹建包括基础工程及工程监理，消防工程及工程监理，酒店工程筹建是酒店筹建过程中历时最为漫长，也是最为重要的一个环节，需要筹建方在此期间不间断地开展监督、指导、调整、协调工作直至最终完成工程建设任务。而在工程筹建的后续阶段，酒店物资物品的采购工作也可以同步开展起来。

考核指南

基础知识部分：

1. 商务连锁酒店装修基础工程标准内容；
2. 商务连锁酒店装修其他辅助工作内容；
3. 商务连锁酒店消防工程要点；
4. 商务连锁酒店工程监理要点；
5. 以筹建一家商务连锁酒店门店为任务，制定一份工程筹建整体方案。

附件：《四季青藤酒店工程装修手册》

一、工程装修标准

（一）总平面规划

四季青藤酒店作为青藤酒店集团旗下高端品牌，在保证酒店基本使用功能的前提下，精心打造高端装修风格。要求使用独栋物业，建筑面积3500平方米以上，拥有10个以上停车位。

（二）大堂

大堂内各功能分区应清晰、交通流线应明确。大门应设置不小于2.4米直径的旋转门，大堂面积一般不小于150平方米。主要功能空间包括总服务台、休息区、楼梯、电梯、公共卫生间、消控中心等。

1. 总服务台

位置应明显，其形式应与酒店装修风格与运营管理方式、等级、规模相适应，应有等候空间，前台办公室宜设在总服务台附近兼行李寄存。总服务台应选用大方、耐磨的装修材料（如大理石、铁板、木饰面等），总服务台常规造型一般有"一字形""L形"等，总长度应不小于5米。具体做法尺寸参考（图纸一、图纸二）。

2. 休息区

具体座位数建议按客房间数的4%考虑，大堂有结合咖啡吧的酒店，可将此区域由咖啡吧代替。该空间为客人提供会客、交际、商务洽谈空间，该空间多数配备方便客人使用的电源插座和网络接口（Wi-Fi覆盖）。

3. 楼梯

消防楼梯至少有2部，梯段净宽应不小于1.2米，扶手栏杆高度应不小于1.1米，封闭式楼梯间应设乙级防火门，应向通往室外安全出口方向开启。

4. 电梯

每70~100间客房配置一部载重1100千克以上的电梯。电梯内部装修应与酒店装修风格统一。

5. 公共卫生间

男卫生间：大便器每100人配置1个，小便器每100人配置1个。

女卫生间：大便器每70人配置1个。

大堂和餐厅兼顾使用时，洁具数量可按餐厅配置，不必叠加。

卫生间的厕卫隔断宽度不应小于0.9米，深度不应小于1.3米，卫生间应分设前室。具体做法尺寸参考客房卫生间（见图纸三至图纸七）。

6. 消控中心

消控中心宜设置在前台办公室附近，面积一般为5~8平方米。

（三）餐厅与多功能厅

1. 餐厅

外来人员就餐不应穿越客房区域，餐厅内部装修应与酒店装修风格统一，餐厅面积不小于60平方米。

（1）座位数：自助餐厅（咖啡吧）按不低于客房数的40%配置，度假酒店多数按40%~50%配置。

（2）面积：自助餐厅（咖啡吧）按1.5平方米/人~2.0平方米/人计算，包厢及特色餐厅按2.0平方米/人~2.5平方米/人计算，包厢宜设独立卫生间。

2. 多功能厅

常兼有会议、宴请的功能，一般可按容纳人数划分，400人以上为大型，250~400人为中型，250人以下为小型。大型多功能厅一般要求空间较高，净高不低于6米。多功能厅是人员集中的空间，一般应设置前厅作为休息空间，前厅面积宜为大厅的20%~30%不等。多功能厅兼宴会厅功能，应设置相邻的专用备餐、送餐空间，并区别送菜流线和客人流线。

宴会厅可按每座1.5~2.0平方米配置，多功能厅和会议室为每座1.2~1.8平方米。

（四）客房

客房内部装修应与酒店装修风格统一，常规尺寸为长7.5米，宽3.8米（轴线），净高3.0米，面积28平方米以上，客房内要求铺设地板、立面墙纸（不可用油漆涂料代替），客房窗户玻璃必须采用中空钢化玻璃。客房卫生间面积为6~8平方米，干、湿区分离，做到"两污"分离下水，设置独立排气管道，卫生间检修口门宜开向公共走道。客房小通道宽度不小于1.3米，高度不低于2.4米。卫生间具体做法尺寸参考（见图纸三至图纸七）。

（五）走廊

宽度在1.7米以上，吊顶高度不低于2.3米。墙面艺术墙纸铺贴（或硬的木饰面安装），地面呢绒地毯铺设。整体设计大方与酒店装修风格相统一。

（六）设备

1. 电箱

容量：2千瓦/间，总容量按照客房数量增加10%。

2. 水箱

容量：冷水进水管的规格为DN50，消防水管的规格为DN100；屋顶冷水水箱15吨以上。

3. 热水设备

按100间客房配比：20吨水箱。

按70~80间客房配比：15吨水箱。

热水水箱容量按照客房数量按比例递增或递减。

热水设备机组：

（1）空气源热泵＋电加热（推荐）；

（2）空气源热泵＋太阳能（推荐）；

（3）燃气锅炉；

（4）燃煤锅炉。

4. 空调

中央空调（风冷热泵），可选品牌：约克、特灵、天加、王牌、麦克维尔等。

二、弱电工程标准条款

（一）闭路电视监控系统

1. 介绍

通过一套多功能、高科技的电视监控系统，设置管理软件，对每路图像进行图像管理，同时录像取证。能在前台看到整个酒店的摄像机图像，对各监控点进行直接监控，迅速判别一些突发事件的性质，以便及时做出正确处理，保证酒店的正常秩序；并对监视图像采取存储保留，以便根据需要进行检索查验。通过前端摄像机对酒店大堂、每层电梯厅、楼层通道、主要出入口、电梯轿厢等重要部位进行全天候监视、录像，有利于及时了解和监视各个场所的动态情况，及时有效地进行处理。

2. 要求

监控系统的设置力求做到布局合理、监视严密、配置完善且无盲区、技术先进，并且有扩充能力及发展余地。根据监控点统计表，闭路电视监控系统前端设备共设置××台摄像机。其中彩色固定枪式摄像机××台，彩色半球形摄像机××台，一体化智能快球形摄像机××台。考虑到酒店的整体美观及对明装同地点分别采用不同种类的摄像机并分别配置防护罩和支架等。

（二）公共广播及紧急广播系统

1. 介绍

背景音乐和紧急广播系统向酒店的走廊、电梯厅公共场所提供背景音乐和公共广播服务，在火灾情况下自动转换为火灾紧急广播。紧急广播启用时，逃生通道指示灯同时开启。背景音乐和紧急广播控制系统由音源、广播主机、功放部分、音量控制装置、操作台等部分组成。背景音乐和紧急广播控制系统应共用扬声器，所有广播区域平时播放背景音乐，一旦被消控中心的火警信号触发，主机应自动控制相关层所有扬声器播发紧急消息。

2. 要求

扬声器在播放背景音乐时，能产生轻松、舒适的效果；在紧急广播时，音量大，声音洪亮、清晰。

任何一个扬声器所输出的最大音量在距扬声器一米的位置将不超过90分贝，也不低于10分贝。

专门设定用于封闭式讲话环境的传声器，具有自动消除杂音的功能，其响应频率是一致的，从100~1000赫兹。

优先级别：消防广播为一级；重要信息通知广播为二级；背景音乐为三级。

（三）有线电视系统

1. 介绍

CATV系统是在MATV系统的基础上发展起来的，基本是由信号源接收部分、前端部分、干线传输部分和分配网络组成。

2. 技术要求

需符合GB6510 30M~1G赫兹声音和电视信号的电缆分配系统的技术性能要求，及750M赫兹邻频传输的技术要求及有关国家标准的要求。频率配置采用低频分割法，下行可传输80个频道电视信号。根据规范中的前端信号源入网标准，信号源质量达不到4.0级图像标准时不予入网。本方案中前端入网信号源质量达到或超过4.0级，系统终端输出口图像主观评价达到3.5级。

（四）UPS电源系统

根据酒店的设备总功率配备合适的UPS电源主机，按照在断电情况下可供电1小时计算UPS电源电池组大小。UPS电源均应具有网络管理接口，支持TCP及SNMP协议，以实现对UPS电源的远程智能管理。

（五）综合布线系统

1. 介绍

随着计算机技术、现代通信技术的提高，酒店对信息的需求和管理也越来越强烈。而综合布线系统正是酒店内部各系统之间、内部系统与外界进行信息交换的硬件基础，它既使语音和数据通信设备、交换设备和其他信息管理系统彼此相连，又使这些设备与外部通信网络连接。

2. 综合布线布点方式

对于酒店的客房，每个客房设置多个信息点——床头柜1个语音点、写字台1个数据点、电视机背面1个网络接口和1个同轴电缆，床头两边各增加1个供电电源插座和USB插口。

对于酒店的各个办公室按每5平方米1个电话点和1个网络点进行设置。在酒店前台设置6个数据点，9个语音点（按照不同情况调整）。

对于酒店的其他区域按实际需要进行设置。

3. 移动性

给移动终端提供真正的移动性，无线网络吸引人的一个特点是移动性——用户可以在大堂、咖啡厅、会议室、自助餐厅、房间、酒店花园阳台之间自由移动并和网络保持持续连接。允许用户在无线信号的覆盖区内无缝漫游，无须频繁地登录和退出。高速无线的方式覆盖整个酒店，让顾客体会到无线局域网带来的便利。

（六）Wi-Fi

1. 信号覆盖强度

在设计目标覆盖区域内95%以上位置，Wi-Fi覆盖接收信号强度应大于等于−65dBm。在采用802.11n标准的设备覆盖的区域，条件允许的情况下，建议边缘覆盖场强大于等于−65dBm。

2. 终端接入速率

要求WLAN（802.11g和802.11n）目标覆盖区域内的用户平均上网速率不低于500Kbps。

为了保证多用户接入的公平性，防止部分用户宽带被抢占的现象，在AP端要对用户进行限速（单用户限速为不低于1Mbps）。

3. 信噪比

在设计目标覆盖区域内95%以上位置，接收到的信噪比（SNR）大于20dB。

4. 工作频段

可用于Wi-Fi网络的频段如下：

2.4G赫兹和5.0G赫兹频段，目前一般采用2.4G赫兹。

5. 组网

（1）自治式组网（多点布放无线AP）。

（2）集中式组网（天线分布式系统）。

天线分布式系统设计图见图2.3。

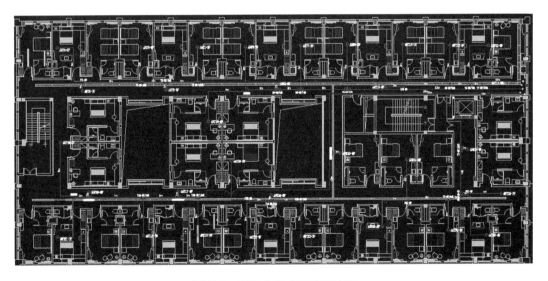

图2.3　天线分布式系统设计图

图纸一：

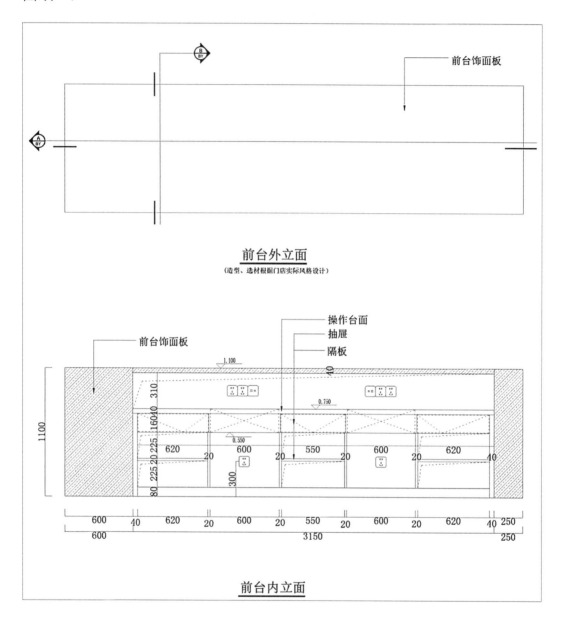

前台外立面
(造型、选材根据门店实际风格设计)

前台内立面

图纸二:

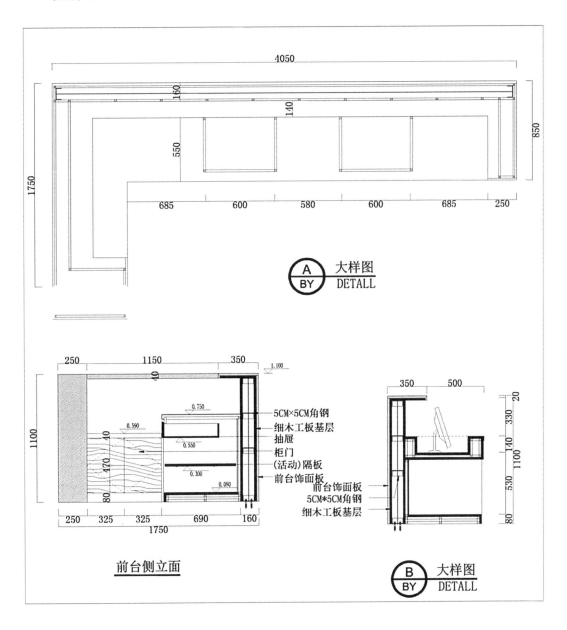

前台侧立面

图纸三：

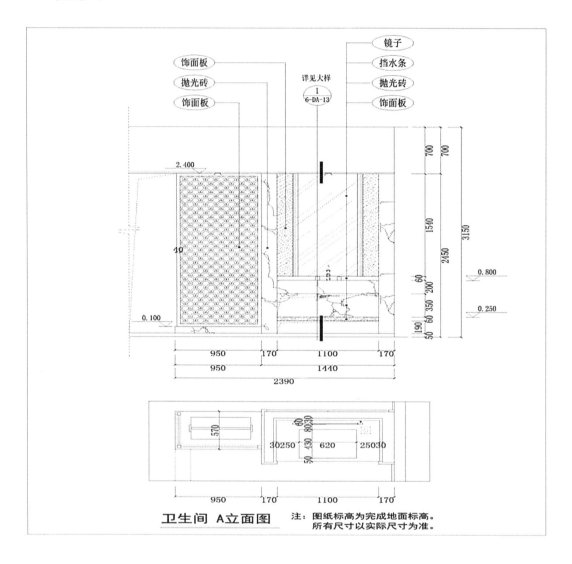

卫生间 A立面图　　注：图纸标高为完成地面标高。
　　　　　　　　　　　　　所有尺寸以实际尺寸为准。

图纸四：

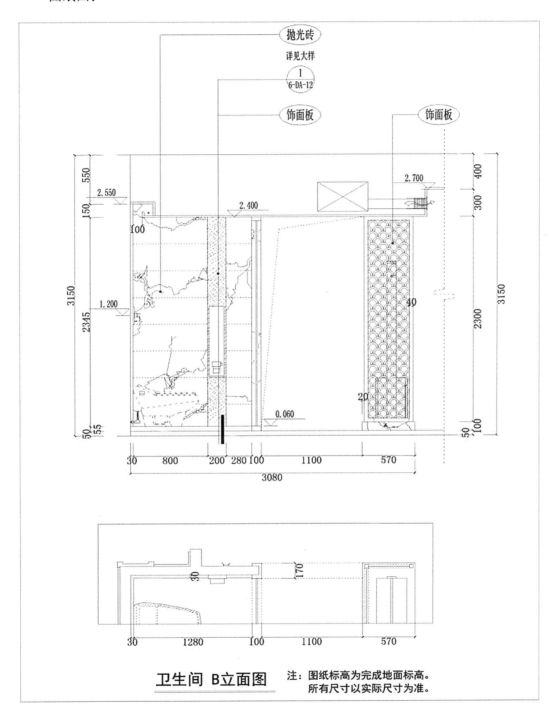

卫生间 B立面图　注：图纸标高为完成地面标高。
　　　　　　　　　　所有尺寸以实际尺寸为准。

图纸五：

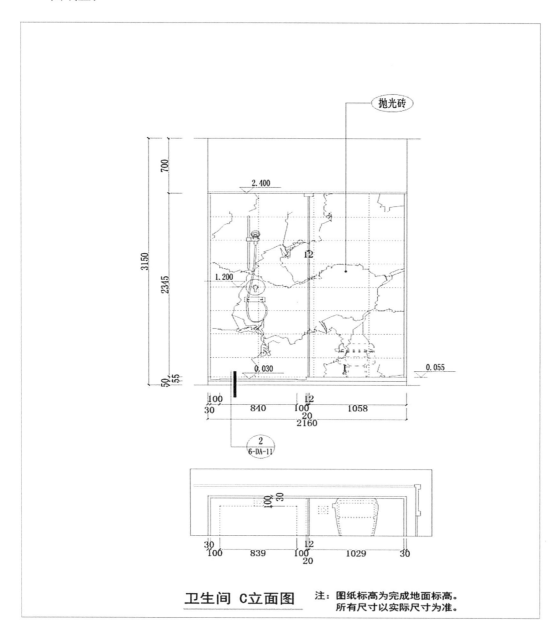

卫生间 C立面图

注：图纸标高为完成地面标高。
所有尺寸以实际尺寸为准。

图纸六：

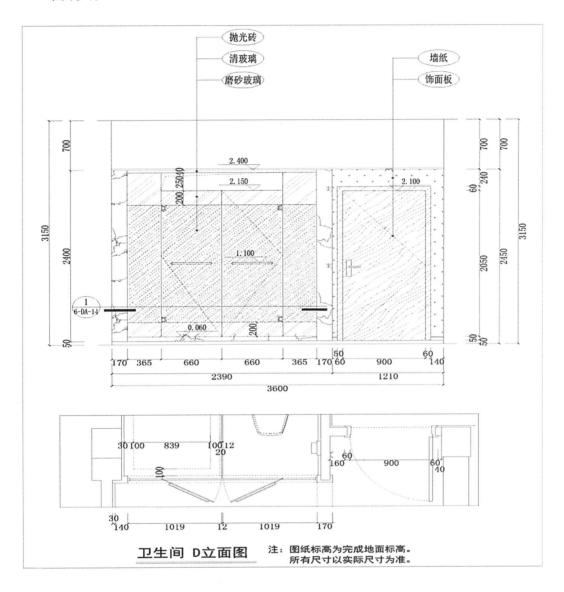

卫生间 D立面图　注：图纸标高为完成地面标高。
所有尺寸以实际尺寸为准。

图纸七:

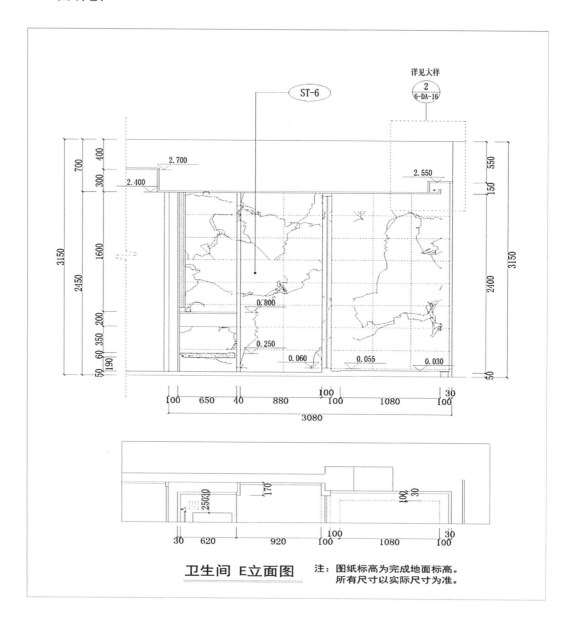

卫生间 E立面图 注:图纸标高为完成地面标高。
所有尺寸以实际尺寸为准。

习题

1. 施工监理主要包括基础工程标准和（　　　）两方面工作。
   A.工程施工手册的遵循
   B.施工工程标准
   C.施工评审标准
   D.施工质管标准

2. 商务连锁酒店施工规范要求必须达到（　　　）所框定的工程施工手册的要求。
   A.监理单位
   B.公司总部
   C.物业部门
   D.评审单位

3. 施工监理工作主要由（　　　）部分组成。
   A.两
   B.三
   C.五
   D.六

4. 基础工程标准涉及施工方材料的选择、隐蔽工程的施工环节以及施工现场的管理、施工进度安排和（　　　）。
   A.施工质量的监管
   B.施工环保的管理
   C.施工单位的选拔
   D.特殊施工工艺衔接

5. 商务连锁酒店的施工规范要求必须达到公司总部所框定的工程施工手册要求，诸如以下几点，除（　　　）以外。
   A.水电系统的安排和布局
   B.具体设施的材料要求
   C.具体立面要求
   D.效果图

6. 一般在装修过程中，由（　　　）来提供主材。
   A.甲方
   B.乙方
   C.总部
   D.门店

7. 主材包括以下几个部分，除（　　　）以外。
   A.卫浴系统
   B.家具
   C.软装
   D.棉织品

8. 装修主材需要按照商务连锁酒店总部的规范要求和标准进行执行，从而体现连锁酒店的（　　　）。
   A.品质性
   B.高端性
   C.可控性
   D.统一性和标准性

9. 下列物品是在商务连锁酒店筹建过程需要采购落实的材料项目，除（　　　）以外。
   A."五巾"
   B.地板和地毯
   C.床垫和棉织品
   D.开店营业纪念品

10. 在具体的采购过程中，需要把控采购物资的以下参数，除（　　　）以外。
   A.数量
   B.质量
   C.数据参照
   D.出厂方

11. 酒店消防工程工作包括如下步骤，除（　　　）以外。

　　A.酒店的消防设计　　　　　　　　　B.酒店消防设计提交

　　C.实地验收　　　　　　　　　　　　D.公开招标

12. 当酒店通过消防验收后，消防大队会为这家酒店颁发（　　　）。

　　A.开业证明　　　　　　　　　　　　B.营业执照

　　C.消防设计图　　　　　　　　　　　D.消防合格证书

13. 酒店消防工程至关重要，必须按照（　　　）要求进行工程筹建和验收。

　　A.《消防法》　　　　　　　　　　　B.城市消防规定

　　C.连锁酒店消防制度　　　　　　　　D.酒店消防条例

14. 酒店的工程监理工作包括下列步骤，除（　　　）以外。

　　A.装修主材选购　　　　　　　　　　B.物料仓库保管

　　C.监督施工工程进度安排　　　　　　D.装修供应商协调

15. 酒店工程监理工作，负责酒店（　　　）施工环节的质量。

　　A.主要　　　　　　　　　　　　　　B.各个

　　C.部分　　　　　　　　　　　　　　D.重要

第五节　商务连锁酒店客房物资采购

案例导入：亚朵产品

极致睡眠：

PlanetBed：全球顶级供应商MLILY为亚朵定制的床垫均衡地支撑身体重量，没有任何一点受压超过身体所能承受的重荷，血液循环自然顺畅，更容易产生深睡眠，迅速恢复体力。

五星级棉织品：业内顶尖供应商康乃馨专为亚朵定制的60×60支、350针棉织床品，细腻、轻盈、柔软、环保的材质呵护每一次的亲密接触。

BODYLABO体·研究所HERBAL本草系列：由刘嘉玲、成龙的御用造型师RICKCHIN亲自研发，自然香氛赋予轻松心情。

地暖如春：室内地暖的铺设，比空调更高的体感舒适度。即使赤足行走，亦可感到四季如春。

乐享办公：

50m WIFI覆盖：笔记本、手机随时随地在线，通信、下载、娱乐随心畅；

宽大办公区域：宽敞、可移动的写字台，室内办公无障碍；

随手插座：各个活动区域内遍布的插座，电子装备都时刻保持电力充足。

精致饮食：

有风景的餐厅：高空俯瞰城市美景，秀色亦可餐，从眼睛到舌尖的小确幸；

可口明档：现场烹饪的煎蛋、面条、馄饨等等，享受热气升腾的元气早餐；

平衡膳食：荤食与素菜、热点与冷食、西餐与中餐，时尚与美食的完美平衡；

漫品茶趣：客房配备茶包、有质感的茶具，宅在房间里享受慢时光吧；

自助洗衣：每一家亚朵酒店都配备有免费的自助洗衣房，为你的旅行箱大大瘦身；

优质拖鞋：亚朵酒店选用棉麻质地软垫拖鞋，脚感舒适，经久耐用；

大容量洗浴品：大包装的洗浴用品，可供多人多次使用，环保的责任亚朵铭记心上；

本色纸：无漂白无荧光剂的原色纸，环保又健康；本色纸通过了FDA食品级鉴定，小朋友和敏感体质人群也可以安心使用。

商务连锁酒店客房
物资采购

学习目标

1. 掌握商务连锁酒店客房卫生间用品采购要点；

2. 掌握商务连锁酒店客房床上用品及床垫采购要点；

3. 能根据商务连锁酒店门店客房采购要求，进行客房物资物品采购。

一、酒店客房卫生间用品采购

（一）客房卫生间洗漱盒物品

1. 牙刷、牙膏

牙刷、牙膏分成A、B两套，以便客人区分（见图2.4）。

2. 头梳

分成A、B两套，以便客人区分（见图2.5）。

3. 浴帽

方便客人淋浴时使用（见图2.6）。

4. 护理包

简单的护理包，方便客人在住店期间使用（见图2.7）。

5. 洗发露、沐浴露、护发素、润肤露（见图2.8、图2.9）

6. 香皂、皂碟（见图2.10）

7. 吹风机（见图2.11）

8. 洗漱杯（见图2.12）

图2.4　牙刷、牙膏

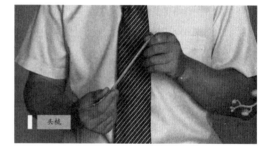

图2.3　头梳

图2.6　浴帽

图2.7　护理包

图 2.8　洗发露、沐浴露

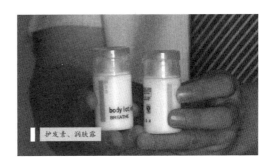

图 2.9　护发素、润肤露

图 2.10　皂碟

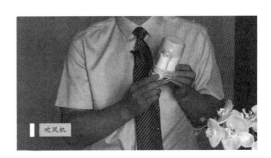

图 2.11　吹风机

图 2.12　洗漱杯

（二）客房卫生间棉织品

1. 客用毛巾

供客人洗脸用（见图2.13）。

2. 客用浴巾

供客人沐浴用（见图2.14）。

图 2.13　毛巾

图 2.14　浴巾

3. 日常地巾

供客人浴后脚踏之用。

（三）客用鞋盒物品

1. 客用拖鞋

分成A、B两种，便于客人区分，可通过拖鞋的围边加以判断（见图2.15）。

2. 擦鞋布

放置于鞋盒中间（见图2.16）。

3. 鞋拔

供客人穿鞋使用。

图2.15　拖鞋

图2.16　擦鞋布

（四）书桌物品

1. 抽纸盒（见图2.17）

2. 便签纸盒（见图2.18）

图2.17　抽纸盒

图2.18　便签纸盒

（五）客用茶盘物品

1. 矿泉水

2. 烧水壶

3. 茶杯、茶包、咖啡包、搅拌棒

以上物品见图2.19。

图2.19　客用茶盘物品

二、客房床上用品及床垫采购

（一）床上棉织品

床上棉织品可分为60×40支、60×60支、60×80支、80×80支，甚至更高的规格，例如蚕丝、天丝等面料。商务连锁酒店一般采用60×40支或60×60支（见图2.20）。

用50克棉花，可以抽出40根纱织线或者60根纱织线，主要取决于棉花的等级。如果用40根纱织线和40根纱织线拼在一起，织出棉织品就会相对比较粗一些，而80×80支的布草，相对会比较柔软一些，客人的体验感以及使用年限也都会相应增加。

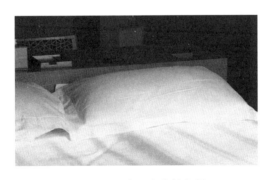

图2.20　客用床上棉织品

（二）客房床垫

酒店席梦思床垫，一般有两种床型（见图2.21）。

1.波尼尔弹簧

上下口径大，中间小；越往下挤压，越硬（见图2.22）。

2.独立袋装弹簧

上下口径小，中间大；挤压下去，回弹性很强（见图2.23）。

两种床型的区别在于：用波尼尔弹簧制作的床垫，是靠串簧串在一起，整体来说比较硬；用独立袋装弹簧制作的床垫，是在弹簧与弹簧之间用经过高温热处理的热熔胶粘在一起，每个弹簧都由每平方米25克的无纺布包裹而成，我们称之为"静音弹簧"，柔软性更加符合人体的曲线。

　　一张好的床垫，有了好的床型，也离不开好的填充物，即海绵。海绵类型包括波浪海绵（见图2.24）、麦辉达海绵（见图2.25）、高密度海绵（见图2.26）。

　　海绵的区别在于密度，一般海绵为每立方米25千克或者20千克，千克数越大，海绵的柔软性越强、舒适度越好。

　　波尼尔弹簧做的床垫比较偏硬，整体更加平稳；独立袋装弹簧做的床垫，互相不会干扰，独立性比较强，所以又被称为"静音床垫"。

图2.21　客房床垫

图2.22　波尼尔弹簧

图2.23　独立袋装弹簧

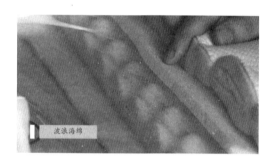

图2.24　波浪海绵

图2.25　麦辉达海绵

图2.26　高密度海绵

　　商务连锁酒店客房的物资采购，远远不止上述物品，还包括其他物资物品的采购环节。

　　一家高品质的商务连锁酒店，必然需要非常高质量、细致认真的物资物品采购的环节配合，只有这样，才能确保商务连锁酒店日常运营的正常开展和高品质的体现。

考核指南

基础知识部分：
1. 商务连锁酒店客房物资物品采购内容；
2. 连锁酒店客房物资物品采购要点；
3. 以筹建一家商务连锁酒店门店为任务，开展酒店客房物资物品采购工作。

习题

1. 在酒店客房卫生间洗漱盒中的客用品包括如下物品，除（　　　）以外。
   A.头梳　　　　　　　　　　　　B.浴帽
   C.沐浴液　　　　　　　　　　　D.毛巾

2. 在酒店客房卫生间的洗漱盒中配有四瓶液体，下列哪一款不属于（　　　）。
   A.沐浴液　　　　　　　　　　　B.洗发露
   C.护发素　　　　　　　　　　　D.消毒液

3. 在酒店客房中很多客用品都有A、B两套，其功能在于（　　　）。
   A.备用　　　　　　　　　　　　B.用于区别
   C.性别分开　　　　　　　　　　D.易损耗

4. 在酒店客房书桌上的茶盘中，有如下物品，除（　　　）以外。
   A.茶包　　　　　　　　　　　　B.水杯
   C.烧水壶　　　　　　　　　　　D.餐巾纸盒

5. 酒店布草等级分为如下几种，除（　　　）以外。
   A.60×40支　　　　　　　　　　B.60×60支
   C.60×80支　　　　　　　　　　D.120×120支

6. 下列织数的布草中，哪一款手感最粗糙（　　　）。
   A.60×40支　　　　　　　　　　B.60×60支
   C.60×80支　　　　　　　　　　D.80×80支

7. 酒店的床垫在市面上可分为波尼尔弹簧型和（　　　）型两种。
   A.大口径弹簧　　　　　　　　　B.独立袋装弹簧
   C.小口径弹簧　　　　　　　　　D.串联袋装弹簧

8. 波尼尔弹簧的特点如下，除（　　　）以外。
   A.上下口径大，中间小
   B.越往下挤越硬
   C.上下口径小，中间大
   D.靠串簧串在一起

9. 独立袋装弹簧由每平方米（　　）克的无纺布包裹而成。

    A.10　　　　　　　　　　　　　　　　B.15

    C.20　　　　　　　　　　　　　　　　D.25

10. 在组成床垫的海绵中包括以下几种类型海绵，除（　　）以外。

    A.波浪海绵　　　　　　　　　　　　B.麦辉达海绵

    C.高密度海绵　　　　　　　　　　　D.低密度海绵

第二章习题
参考答案

第三章 商务连锁酒店部门运营管理

第一节 前台运营管理

专题一 前台岗位特点及职责

案例导入

　　某新酒店受周边大型市政工程建设过程中突发情况影响，导致上午9:30突然停电，前台新人小张当班，经验不足，不知道如何应对，只会对客人说："非常抱歉，酒店停电了，请稍等……"不一会儿前台已经站了五位客人等待退房，另外有两位到店客人说有预订，等待办理入住手续，还有一位协议单位订房客人等着订房，另外还不停接到住店客人电话质问停电原因以及何时恢复正常等问题，一时间酒店前台人员像热锅上的蚂蚁团团转……

学习目标

■ 前台岗位特点及职责

　　了解商务连锁酒店前台部门地位及工作职责。

　　前台为客人提供预订、入住、咨询、结账等各项服务。无论在什么时候，酒店都需提供主动、热情、细致、耐心、准确和高效的服务。酒店员工要严格执行酒店的各项规章和制度，努力营造和树立酒店文化和形象。

　　那么前台的职责有哪些呢？

　　（1）为客人办理入住登记手续，安排对应的房间，收取房费（见图3.1）。

　　（2）随时准确掌握和了解客房状态、价格等信息，积极有效地销售客房及办理其他服务项目（见图3.2）。

图3.1　办理入住登记手续

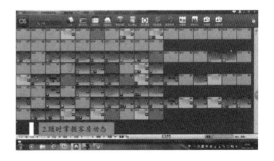

图3.2　随时掌握客房动态

（3）掌握酒店的各项服务项目和营业时间（见图3.3）；了解本市交通、商业、旅游及有关单位常用的电话号码、地理位置、交通路线等方面的信息资料，同时掌握电话、传真、复印机、电脑、网络设备、监控设备等的操作要领。

（4）严格按照服务规程做好登记、预订、代客留言、代交物品、行李寄存服务、遗留物品保管服务、电话叫醒服务、收发传真和信件、转接电话、结账、业务咨询等工作（见图3.4）。

图3.3　掌握酒店服务项目和营业时间　　　　图3.4　严格按照服务规程

（5）掌握当天、隔天的预订情况，准确掌握OK房、脏房、住客房、维修房的实时房态，准确无误地做好预订房间的排房工作（见图3.5）。

（6）接受客人的换房、续住要求，关注应离未离客房的续费情况；客房预订满房时提前处理各网络订房中介信息，做好房态、关房及房控工作，同时能主动推荐来电或上门客人到本公司下属的其他连锁店入住（见图3.6）。

（7）办理客人入住手续，将有效证件登记到系统中，同时验证身份证件并输入旅馆业住宿系统中，办理各项入住手续（见图3.7）。

（8）在每天12:00、18:00、21:00前按规定时间段检查在住客房房费情况，做好催收工作（见图3.8）。

（9）认真转接每个电话，做到热情、礼貌、准确、迅速；严格遵守客人的保密制度，保守住客信息（见图3.9）。

（10）做好离店客人的结账工作，仔细核对账单，结账单需请客人核对后签字上交审计（见图3.10）。

（11）做好当班期间的营业账务及审核工作（见图3.11）。

（12）负责设备的使用管理，做到账物相符，日常需做好设备的清洁和保养工作，发生故障及时报修，确保机件运转正常（见图3.12）。

（13）做好交接工作，认真记录好交接班表上的内容并签名（见图3.13）。

（14）负责前台区域的卫生保洁工作（见图3.14）。

（15）完成上级指派的其他工作（见图3.15）。

图 3.5　掌握当天、隔天的预订情况

图 3.6　接受客人的换房、续住要求

图 3.7　办理客人入住手续

图 3.8　检查在住客房房费情况

图 3.9　认真转接每个电话，保守住客信息

图 3.10　做好结账工作

图 3.11　做好当班期间的营业账务及审核工作

图 3.12　负责设备的使用管理

图 3.13　做好交接工作

图 3.14　负责前台区域的卫生保洁工作

图 3.15　完成上级指派的其他工作

　　了解了上述商务连锁酒店前台部门的地位及工作岗位职责后，那么在具体的前台工作中，我们需要注意哪些核心环节呢？在下一专题的内容中，我们将具体阐述前台管理的要点及核心事宜。

考核指南

　　基础知识部分：
　　商务连锁酒店前台部门的地位及工作职责。

习题

　　1. 为客人提供入住登记服务的前厅部门为（　　　　）。
　　　　A.礼宾部　　　　　　　　　　　　B.总机
　　　　C.前台　　　　　　　　　　　　　D.商务中心
　　2. 作为酒店员工应当注意语言表达的技巧，下列做法不恰当的是（　　　　）。
　　　　A.巧妙得体
　　　　B.注意文化背景的差异
　　　　C.注意委婉灵活
　　　　D.主动询问客人的家庭情况，增进与客人的关系

3. 哪一项是在转接电话过程中不正确的做法？（ ）

    A.热情接听   B.礼貌应答

    C.回答来电者询问的住客信息   D.记录来电者要求转告的信息

4. 哪一个不是检查在住客房房费情况的规定时间段？（ ）

    A.9:00   B.12:00

    C.18:00   D.21:00

5. 下列哪一个不属于前台的工作职责？（ ）

    A.掌握实时房态   B.行李寄存服务

    C.积极销售客房   D.客房保养清洁

6. 客房预订满房时，对来电客人要求预订的情况最恰当的做法是（ ）。

    A.说明情况，礼貌婉拒   B.做好记录，报给上级

    C.推荐本公司的其他连锁店   D.推荐附近的其他酒店

7. 前台需要掌握的信息包括（ ）。

    A.交通路线信息   B.常用的电话号码

    C.旅游景点信息   D.以上都是

8. 班次交接工作中不需要做的是（ ）。

    A.对上一班次的记录内容仔细阅读

    B.审核上一班次的账务

    C.在交接班记录本上签名

    D.及时对记录中不明确的内容进行询问

9. 下列哪个不是排房的依据？（ ）

    A.预订情况   B.房价信息

    C.实时房态   D.客人喜好

10. 下列不属于前台销售项目的是（ ）。

    A.代订机票   B.客房

    C.SPA服务   D.酒店餐饮

专题二 前台管理要点

案例导入

某日，某客人到店入住，总台接待员小王办理入住接待。一切手续办好后，客人来到房间，却发现房间是未打扫过的脏房（洗脸盆和马桶都有使用过的迹象），客人非常不满。经过了解后发现原来这个房间是上一个客人换过的房间，原因是上一个客人进房时间不长，因临时增加客人，故要把单人房更换成双床房，总台询问换房客人是否有使用过客房设施，客人回答没有。于是就给客人更换了房间，并将该房情况在未通知客房人员的情况下就更改成OK房，因此便出现了上述情况。

学习目标

1. 了解商务连锁酒店前台管理要点及工作职责；
2. 能够开展前台房态控制、客房销售、客账管理及客史档案材料的建立等前台工作。

前台是酒店的门面，决定着客人对这家酒店的第一印象如何，所以前台的管理是否到位，是否井井有条，是可以看出这家酒店的企业文化和精神的。

要做好前台管理，有以下几个要点。

一、做好房态控制

如果要了解和清楚客房的状态，就需要和客房部保持良好的沟通与合作，出现问题及时协调、解决，保证客房销售和对客服务能够顺利完成。

房态是酒店前台系统的基础，目前大部分酒店都已经有前台PMS（Property Management System）系统，房态变更和转换是实时和自动的，看起来一目了然，在系统中不同房态也经常会以不同的颜色出现。有些酒店也会用英文的缩略语来代表不同状态的客房。

（一）入住

客人在办理完入住登记手续后，前台应将资料输入系统，完成房态变更，将房态从"空房"改为"住客房"。

（二）换房

换房有两种可能，一种是由住客提出，另一种是酒店自身要求，比如需要对一个团体进行集中排房而要求客人换房。无论是哪种情况，都要按照换房操作手续进行换房。

（三）退房

为客人办理完结账和退房手续后，应立即通知客房部，同时把客房状态从"已结账房"改成"待清扫房"。

二、客房的销售

前台的客房销售和市场营销部的销售不太一样。因为前台在接待过程中碰到的客人大多是已经准备入住的客人，因此商务连锁酒店的前台推销应侧重在延长客人停留时间，或者根据客人行程推荐入住本连锁酒店的下一个分店等。

要了解客人通常会问的一些问题，比如：洗手间怎么走？最近的银行怎么走？哪里有比较好的餐厅？……对这些信息都要提前做好知识储备。

三、客账的管理

客人入住酒店以后，就产生了账户，里面包括了客人的预付款和在该酒店的其他消费情况。在酒店的前台系统里，客账的界面基本分为这些内容。

只要有客人入住酒店，前台就会为客人建立账户。客人的房租采取按天累计的方法每天结算一次，其他各项费用，如餐饮、洗衣等项目，除客人愿意在消费时以现金结算外，均可由客人签字后由各有关部门将其转入前台，记入客人的账户。因此，要保证客人的姓名、房号、费用项目和金额等准确无误。

四、客史档案的建立与管理

过去酒店会为客人建立客史档案卡，但目前基本上已经实现电子化了，会将其储存在系统里。客史档案有利于酒店对客源的分析和研究，做好促销工作，做好VIP客人和常住客人的个性化服务。

PMS系统客史档案：

（一）常规信息

包括客人姓名、性别、年龄、出生日期、公司名称、电话、头衔。

（二）预订信息

包括客人的订房方式、订房类型、订房日期等。

（三）消费信息

例如客人支付的房价及在其他项目上的消费以及信用记录。

（四）爱好信息

包括客人的喜好，要求的个性化服务，宗教信仰和禁忌。

（五）意见信息

包括客人对酒店的各种建议、表扬、投诉等以及酒店处理结果。

综上所述，商务连锁酒店前台部门的管理工作要点为客房状态的随时控制、客房

的准确有效销售、客账的及时管理以及客史档案材料的建立和管理等工作。而接受客人对客房的预订、处理客人入住登记及结账退房工作则是前台岗位的基本工作，这些内容将在后续专题中——展开。

考核指南

基础知识部分：

1. 商务连锁酒店前台管理要点及工作职责；
2. 开展前台岗位房态控制、客房销售、客账管理及客史档案材料的建立工作。

习题

1. 表示"该客房已经清扫完毕，可以办理入住"的房态称为（　　　）。
   A.OK房　　　　　　　　　　　　B.已清扫房
   C.走客房　　　　　　　　　　　　D.住客房

2. "空房"这个房态指的是（　　　）。
   A.表示目前无人租用的房间
   B.表示客人已经结账并离开的房间
   C.表示已经被出租，但住客昨日未归的房间
   D.表示没有行李的房间

3. 以下哪个房态是没有客人入住的？（　　　）
   A.长住房　　　　　　　　　　　　B.外宿房
   C.请勿打扰房　　　　　　　　　　D.走客房

4. 除了客房，前台还可以销售酒店的其他服务设施和项目（　　　）。
   A.房内用餐服务　　　　　　　　　B.洗衣熨烫服务
   C.SPA服务　　　　　　　　　　　D.以上都是

5. 可以向商务客人推荐的客房是（　　　）。
   A.能欣赏四周景物的客房
   B.靠近电梯、出入方便的客房
   C.连通房
   D.办公设施齐全的商务客房

6. 靠近电梯、出入方便的客房比较适合推荐给（　　　）。
   A.家庭旅游者　　　　　　　　　　B.商务客人
   C.老年游客　　　　　　　　　　　D.观光客人

7. 客账内包括的消费情况有（　　　）。
   A.房租　　　　　　　　　　　　　B.餐饮
   C.洗衣　　　　　　　　　　　　　D.以上都是

8. 客史档案的资料来源有（　　　）。

　　A.预订单、登记单　　　　　　　　　B.账单

　　C.客人意见记录　　　　　　　　　　D.以上都是

9. 能够体现住店客人的个性化服务的来源是（　　　）。

　　A.预订单　　　　　　　　　　　　　B.账单

　　C.客史档案　　　　　　　　　　　　D.投诉单

10. 客账中客人的房租累计方法为（　　　）。

　　A.每天结算一次

　　B.到离店那天结算

　　C.从客人入住时起每24小时结算一次

　　D.以上都不对

专题三　前台服务流程及标准（上）

案例导入

客人预订了两间大床房，但因为交通原因，过了保留时间，到店时只有一间大床房可以提供，客人对此非常不满。作为前台人员该如何处理此类情况呢？

学习目标

1. 掌握商务连锁酒店前台处理客人上门预订和电话预订的流程；
2. 掌握商务连锁酒店前台处理散客入住登记的流程；
3. 能够进行前台客人客房预订工作（上门预订、电话预订）；
4. 能够进行前台散客入住登记工作。

■ 前台服务流程及标准（上）

客房预订有很多渠道，包括上门预订、电话预订、团队预订和网络预订等。先着重来学习一下客人上门预订和电话预订的流程。

一、客人上门预订流程

（一）询问

热情礼貌地迎接客人；询问客人入住日期和所需房型；主动询问客人是否有协议或者会员卡，灵活运用销售技巧使客人成为会员（见图3.16）。

图 3.16　客人上门预订

（二）介绍

介绍房间种类和房价，尽量从高到低，并且介绍不同房型的特点与优势。

（三）查看

查看电脑中的预订情况，是否有符合客人要求的房间。

（四）接受预订

填写预订单，问清客人的订房要求（客人姓名、预订入住日期、间数、天数、房型、房价、联系方式、到达时间及特殊要求等）。

（五）告知房间保留的具体时间

一般保留到当天18:00，会员客人相应延迟。

（六）收取预订金

如客人要求保留时间较晚或者预订房间数超过3间，那么原则上要求客人支付定金。开具预订金收据，定金数额直接录入电脑系统，白联交给客人，红联交给财务人员，黄联夹在预订单上；客人支付预订金后，需告知客人该房将会保留24小时，如果因为客人的原因，预订却未入住则按一天的房费收取。如需取消预订则必须提前告知。

（七）致谢

感谢客人的预订并欢迎客人入住。

（八）输入电脑

将预订单中的所有内容输入电脑；在预订单上盖上"已输入"章。

（九）归档

根据预订单的入住日期，将预订单放置在隔日或当日预订夹内，做好归档。

二、电话预订流程

（一）接电话

铃响3声之内拿起电话，使用标准问候："您好，××酒店，请问有什么可以帮您？"（见图3.17）

图3.17　客人电话预订

（二）询问

询问客人入住日期和所需房型；主动询问客人是否有协议或者会员卡，灵活运用销售技巧使客人成为会员。

（三）介绍

介绍房间种类和房价，尽量从高到低；介绍不同房型的特点与优势。

（四）查看

查看电脑中的预订情况，是否有符合客人要求的房间。

（五）接受预订

填写预订单，问清客人的订房要求（客人姓名、预订入住日期、间数、天数、房型、房价、联系方式、到达时间及特殊要求等）；告知房间保留的具体时间（一般保留到当天18:00，会员客人相应延迟）。

（六）复述信息

将客人预订的信息复述一遍：入住日期、房型、房号、间数、保留时间、联系电话等。

（七）致谢

向客人致谢："感谢您的预订，欢迎您到时入住。"

（八）输入电脑

完善预订单内信息；将预订单中的所有内容输入电脑；在预订单上盖上"已输入"章。

（九）归档

根据预订单的入住日期，将预订单放置在隔日或当日预订夹内，做好归档。

三、散客入住登记流程

登记入住是前台接待最重要的环节之一，我们以散客入住登记为例，学习接待流程和操作标准。

（一）接待流程

（1）询问客人是否有预订，根据预订信息或需求安排房型。

（2）询问客人是否是会员或协议单位，如不是会员应推荐客人办理会员，以享受会员折扣。

（3）请客人出示身份证或其他有效证件，办理入住手续。

（4）根据客人所需房型及入住天数，收取房费或预付金，预付金收取标准为：预付金=（预住天数+1）×房费。

（5）请客人在预付金单、入住登记单上签字。

（6）根据客人离店时间，制作对应时间的房卡；同时询问客人是否需要第二天的早餐，并根据客人实际需要，推荐早餐用餐时间及价格。

（7）办理手续迅速、快捷，尽量在3分钟内完成所有手续，提示客人房间号、楼层及退房时间，指引客人电梯方位，并预祝客人入住愉快。

（二）操作标准

1. 迎宾问候

（1）保持良好的精神面貌，规范的仪容举止。

（2）时刻注意客人的到来，不因为埋头做事或心不在焉而忽略客人的到来。

（3）以5步或3步标准，第一时间招呼客人，主动迎候客人的到来。

（4）标准问候语："您好，欢迎光临，请问有什么可以帮您？"

（5）在接待或结账高峰时，应做到"接待一、问候二、招呼三"，不应只接待当前客人而怠慢其他客人。

2. 确认客人的住房要求

（1）礼貌询问："先生/小姐，您好，请问是否有预订？"

（2）根据客人预订信息，查找系统的订单记录。

（3）简要复述客人的订房种类、入住天数、付费方式、特殊要求等。

3. 询问客人是否为会员或协议单位

询问客人是否是会员，如非会员应主动推荐客人加入会员，以便享受对应折扣优惠。

4. 办理登记手续

（1）使用委婉的语气请客人出示有效证件："请您出示一下身份证好吗？谢谢！"

（2）将客人的证件登记到前台PMS系统和旅馆业住宿系统中，同时查验证件是否与本人相符。

（3）打印登记单后，请客人签字，并告知如房间有其他客人入住，需要到前台办理补登记手续。

5. 分配房间并制作房卡

（1）确保房间为可售房并符合客人要求，填写房卡内芯，字迹工整。

（2）在卡套内芯写明具体的客人姓氏、房号、抵离日期。

（3）制作房卡。

6. 确认付费方式

（1）根据客人入住天数，收取规定范围内的预付款。

（2）主动询问客人预付款的支付方式，现金或银行卡；请客人在预付凭证上签字。

7. 推荐早餐

向客人推荐早餐或赠送早餐，告知早餐地点及用餐时间。

8. 向客人道别

（1）将客人身份证、房卡、预付金单等一次性交由客人，同时可以提醒客人"××先生/女士，您的证件、房卡、预付金单（信用卡及单据）请您收好。"

（2）指示电梯位置，并告知客人所住楼层及房号。

（3）祝客人住店愉快。

9. 信息录入和核对

（1）将客人入住房号、身份证信息、预付金额录入前台系统中。

（2）将客人资料按要求装订，与电脑核对后放入相应客账夹中，并按顺序排好。

专题四　前台服务流程及标准（下）

案例导入

　　一位协议公司的客人到前台说："我要离开两天，过两天还要回来住。我还有押金在你们这里，你先把我现在这个房间退了，账等我回来再结。我住在1205号房。"前台表示可以如此操作，客人便离开了。前台接待员通知客房服务员1205号房客人退房，但没多久客房服务员打电话说房间里面还有行李，前台接待员认为客人暂时离开几天，还要回来入住，所以没有拿走行李，就通知客房服务员把行李全部拿到行李房寄存，同时将1205号房做挂账处理了。

　　当天下午约3点，一位客人来到总台反映其房卡失灵，开不了门。仍在当班的接待员问其是住哪一个房间的，对方回答说："1205号房。"当时接待员心里一惊，怎么又是1205号房，上午不是退房了吗？接过这位客人的房卡复读后，确是1205号房的门卡。再细查资料，果然，上午退房的协议单位客人住的是1105号房，他在离开时将房号报错，才导致如此结果。于是接待员赶忙向客人做了解释，并表示道歉，同时立即通知客房主管赶紧将行李再搬回1205号房。虽然真正的1205号房客人对此有些不满，但面对接待员真诚的致歉，也就不再说什么了。

学习目标

■ 前台服务流程及
标准（下）

　　1.掌握商务连锁酒店前台结账退房工作流程；
　　2.能够进行前台客人结账退房工作。

　　结账退房是客人和酒店最后互动的环节，是给客人留下最后印象的地方。现在我们来看一下客人离店结账的程序，首先对于普通客人来说，前台需要完成以下工作步骤：
　　（1）根据礼仪规范，主动向客人问候。
　　（2）当客人要求结账时，收回房卡。
　　（3）确认房号，通知客房查房。
　　（4）请客人稍等，拿出客人的客账资料。
　　（5）询问客人结账方式（如果客人已提前刷卡支付或在线支付，则无须再询问），提醒客人房间内是否有其他消费或者遗留物品等，同时适时征询客人对房间的满意度。
　　（6）确认房内无其他消费后打印结账明细单，请客人核对无误后签字。
　　（7）主动提醒客人是否需要开具发票，并根据客人提供的发票抬头，为客人开具发票，并在PMS系统中登记好发票的金额。

（8）如房间内有其他消费品或被客人损坏的物品，需主动告知客人价格并在得到认可后从预付款内扣除。

（9）在结账过程中，会员客人应享受免查房服务，普通客人办理退房手续不超过3分钟。手续结束后，应礼貌地送别客人，并说"先生/女士，再见，欢迎再次光临"等欢送语。

（10）将客人资料、预付金单、结账单、发票存根联装订在一起，放入结账篮中，并在旅馆业住宿系统中做好退宿处理。

还有一种常见的是挂AR（Account Receivable，应收账款）账客人的结账程序，前三步是一样的。如客人是团购客人，主动询问客人是否需要开具发票，如无须开具，应在3分钟内完成结账手续，并礼貌道别。

如果是签单客人，一般不开具发票，告知客人在统一结账时开具发票；并请客人在账单明细上签字并确认金额；最后，在系统中操作结账时，注意选择结账方式为"挂AR"，并选择挂AR单位。

除了上述前台岗位处理客人客房预订、客人入住登记及结账退房等工作外，前台人员还需要在工作中掌握和执行一系列管理制度和工作标准，而前台岗位管理制度及标准则是下一专题着重阐述的内容。

考核指南

基础知识部分：

1. 商务连锁酒店前台处理客人上门预订和电话预订的流程；
2. 商务连锁酒店前台处理散客入住登记的流程；
3. 商务连锁酒店前台结账退房工作流程；
4. 开展商务连锁酒店前台客人客房预订工作（上门预订、电话预订）；
5. 开展商务连锁酒店前台客人结账退房工作。

习题

1. 以下不属于预订单内容的有（　　　）。

　A.房型　　　　　　　　　　　　B.间数

　C.天数　　　　　　　　　　　　D.年龄

2. 客人支付预订金后，房间保留时间至（　　　）。

　A.入住当晚18点　　　　　　　　B.入住当晚24点

　C.24小时　　　　　　　　　　　D.客人预计离店的日期为止

3. 电话礼仪规范要求前台在铃响（　　　）拿起电话。

    A.3秒内　　　　　　　　　　　　　B.3声内

    C.5秒内　　　　　　　　　　　　　D.5声内

4. 向客人介绍房间时遵循的一般规律是（　　　）。

    A.房价从高到低　　　　　　　　　B.从特惠房到其他

    C.房价从低到高　　　　　　　　　D.没有特别的顺序

5. 办理入住登记手续时的有效证件不包括（　　　）。

    A.身份证　　　　　　　　　　　　B.护照

    C.工作证　　　　　　　　　　　　D.台胞证

6. 房间的预付金收取标准为（　　　）。

    A.预住天数×房费　　　　　　　　B.（预住天数+1）×房费

    C.（预住天数×房费）×2　　　　　D.（预住天数+2）×房费

7. 客人的证件需要登记的系统是（　　　）。

    A.前台PMS系统和旅馆业住宿系统

    B.前台PMS系统和公安局系统

    C.公安局系统和旅馆业住宿系统

    D.前台PMS系统、旅馆业住宿系统、公安局系统

8. 房卡的卡套内无须写明的信息是（　　　）。

    A.客人姓氏　　　　　　　　　　　B.房号

    C.房价　　　　　　　　　　　　　D.抵离日期

9. 客人在办理入住登记后，如果还有其他客人入住同一房间，该客人（　　　）。

    A.可以自行入住　　　　　　　　　B.需要告知前台

    C.需要重新预订　　　　　　　　　D.需要补办登记手续

10. 客人结账时前台要向客人询问的是（　　　）。

    A.结账方式　　　　　　　　　　　B.房间内是否有其他消费

    C.提醒客人是否有遗留物品　　　　D.以上都是

前台管理制度及标准

<h3 style="text-align:center">案例导入</h3>

一客人匆忙结账，将自己的一件衣服遗留在客房。门店员工发现后，觉得衣服品牌比较好，价格不菲，立即电话联系该客人，但该客人已经离开，称自己过段时间还会再来取。两个月后客人再次回到酒店，前台人员将已经干洗好的衣服叠放整齐地交回给客人，让客人很感动。

学习目标

1. 掌握商务连锁酒店前台工作轮换制度、房价保密制度、前台收银制度、备用金及现金管理制度、贵重物品寄存制度、药品箱管理制度、房态管理制度等相关规定；

2. 能够在前台业务工作中严格地执行前台相关管理制度及标准。

为了使前台工作顺利进行，我们需要有一系列制度来规范和保证。

■ 前台管理制度及标准

一、前台工作轮换制度

（1）前台因需24小时在岗，用餐需轮流替岗，如一人当班则由当班值班经理顶岗。

（2）用餐时间应控制在30分钟之内。

（3）夜间如员工需要用餐，而无值班经理替岗，则应通知夜班保安在前台待岗，前台接待员则在前台附近区域工作间内用餐，不允许在前台吧台内用餐。

二、房价保密制度

（1）前台不得向客人透露酒店各级管理人员房价优惠权限。

（2）前台不得向其他客人透露特殊房价或内部优惠价。

（3）前台不得随意透露旅行社等团体客人的房价。

（4）前台不得利用工作便利，将酒店内的房价信息透露给周边同行酒店人员。

三、前台收银制度

（1）酒店的所有发票、收据一律交由财务管理人员保管。

（2）账单、发票、预付金单以及同意转账单不允许有任何涂改现象。

（3）收银点使用的发票和预付金单必须连号，若发现缺号，必须查明并书面写明原因。

（4）所有现金收付必须严格执行唱票制、复点制。

（5）必须按照有关规定保管好当班营业款及备用金，并确保其准确性。

（6）发现假卡、假钞时按规定程序予以办理。

（7）作废票据应完整存放，并注明作废原因，及时交给审计人员。

（8）开具机打发票时，电脑编号需与实际发票编号一致。

（9）不允许出现刷卡套现的现象。

四、备用金及现金管理制度

（1）前台现金收付工作要做到手续清楚、责任分明、数字准确、一笔一清。

（2）任何人不得暂借或动用备用金。

（3）酒店审计或店长要定期检查备用金，清点实际现金是否与账上备用金金额相符，不得有长短款。

（4）前台对所收进的人民币应认真查验，发现假币应立即向上级汇报，根据情况确定是否需要报警处理。

（5）前台现金管理，遵循"谁当班谁负责"的原则，如在当班期间发生现金短缺的，必须在当班期间进行核查并补缺。

五、贵重物品寄存制度

（1）贵重物品保险箱只针对在住客人使用。

（2）贵重物品寄存保险箱应遵循"一箱二房卡"原则，保险箱总房卡由当班前台接待员保管，客人保险箱房卡由寄存客人自行保管，非前台员工不得擅自动用。

（3）在客人使用贵重物品保险箱时，需提供行李物品寄存证与房卡，每次开启保险箱时必须记录中途开箱时间并请客人签字。

（4）保险箱必须当着委托寄存客人的面开启，如非委托人要求开启，必须有委托寄存客人的书面证明。

（5）操作保险箱时应在前台的监控范围下进行操作，如出现特殊情况能随时调出原始记录，以便查证。

（6）任何易燃、易爆、剧毒、放射性物品、武器弹药和其他类违禁寄存，应对客人作以解释，不可寄存。

（7）客人遗失保险箱房卡要求取物时，确认客人身份无误后，需填写"贵重物品保险箱房卡遗失证明"，同时按照酒店规定赔偿房卡。

六、药品箱管理制度

（1）酒店的药品箱放置在前台，由值班经理负责管理，主要为客人提供一些简单的服务，药品箱内有：红药水、绑带、创可贴、纱布、胶带、体温计、酒精棉、棉花棒、风油精等。

（2）不定期对药品箱进行检查，注意药品的保质期和备用数量。

（3）如果有客人索取口服药，应表示歉意，但要对客人表示关心，并询问他是否感到不舒服，并告知附近的药店。

（4）如有客人不舒服要建议他前往医院就医，切不可随意将私人的口服药物给客人使用，以免造成误服。

（5）给予客人相关医院的指引服务，如有必要，要协助客人就医。

七、房态管理制度

（1）早班人员完成与上一班次人员的交接班工作后，应第一时间检查房态，查看是否有维修房或是临时房态，了解当日房态情况。

（2）对于隔日OK房，前台须在早上8:00前将其改为脏房状态，待客房主管检查下报OK后再改为OK状态（可预留5间，作为此期间客人入住备用房），客人提前入住的情况下，前台工作人员事先要与客房部门做好沟通，避免客人入住后，又有服务员进入打扫的情况发生。

（3）客房主管在上午9:00之前需下报不少于5间的OK房，如未及时下报，前台应及时与客房主管联系。

（4）在出售的房型紧张时，前台工作人员应第一时间通知客房主管，随时保持客房销售正常。

（5）每日4次（8:00、12:00、18:00、21:00），与客房主管核对状态，保证房态和客房打扫的情况相对应。

（6）中午12:00前，前台工作人员根据房态信息与住宿客人进行联系，及时掌握离店或续住情况，以便办理续住手续及安排打扫的工作。

（7）不允许有在脏房、维修房、临时态的房间内安排住客的情况发生。杜绝特殊客人要延迟退房的现象发生，但可采取"临时态设置"，经管理人员同意，客人延迟退房免收房费，只需在结账单上让相关权限人签字即可，PMS系统上的房态必须与实际发生的退房时间保持一致。

（8）对于维修房，应加紧维修管理，如当日无法修复的，需在PMS系统中注明原因，并在维修专项记录本中记录故障时间、故障原因和预计修复时间等。

考核指南

基础知识部分：

1. 商务连锁酒店前台工作轮换制度；
2. 商务连锁酒店前台房价保密制度；
3. 商务连锁酒店前台收银制度、备用金及现金管理制度；
4. 商务连锁酒店前台贵重物品寄存制度；
5. 商务连锁酒店前台药品箱管理制度；
6. 商务连锁酒店前台房态管理制度。

习题

1. 不允许有任何转账现象的是（   ）。

    A.账单　　　　　　　　　　　　　B.发票

    C.预付金单　　　　　　　　　　　D.以上都是

2. "前台不得向客人透露酒店各级管理人员房价优惠权限"是属于（   ）制度。

    A.前台管理　　　　　　　　　　　B.房价保密

    C.现金管理　　　　　　　　　　　D.优惠

3. 可以暂借或动用备用金的是（   ）。

    A.客人　　　　　　　　　　　　　B.领班

    C.经理　　　　　　　　　　　　　D.任何人都不能动用

4. 如发现现金短缺，（   ）必须在当班期间进行核查并补缺。

    A.领班　　　　　　　　　　　　　B.经理

    C.当班的前台员工　　　　　　　　D.发现短缺的员工

5. 如客人遗失保险箱房卡，可以取物吗？（   ）

    A.可以，核实客人身份后即可

    B.可以，但要赔偿房卡

    C.可以，需要填写"贵重物品保险箱房卡遗失证明"

    D.可以，需完成以上3项

6. 药品箱的检查要注意药品的（   ）和备用数量。

    A.种类　　　　　　　　　　　　　B.包装

    C.保质期　　　　　　　　　　　　D.以上都是

7. 通常来说，客房主管在上午9:00之前需下报不少于（   ）间的OK房。

    A.2　　　　　　　　　　　　　　　B.5

    C.8　　　　　　　　　　　　　　　D.10

8.早班人员完成与上一班次人员的交接班工作后，应第一时间检查（　　　）。

    A.备用金和现金情况　　　　　　　　B.刷卡机、对讲机等设备情况

    C.今日预订情况　　　　　　　　　　D.当日房态情况

9.前台工作人员需每日（　　　）次与客房主管核对状态，保证房态和客房打扫的情况相对应。

    A.2　　　　　　　　　　　　　　　　B.4

    C.6　　　　　　　　　　　　　　　　D.8

10.前台工作人员在出售房型紧张时应第一时间通知（　　　），随时保持客房销售正常。

    A.前台领班或主管　　　　　　　　　B.前台经理

    C.客房领班或主管　　　　　　　　　D.客房经理

专题六 前台运营管理案例分析

案例导入

客人预订了1月16日至1月18日两个晚上的房间。16日因要去接朋友，会较晚到店，所以致电门店给予保留房间；当天晚上 12 点左右，因自己还未到酒店，客人再次致电门店前台，请门店一定保留房间。客人于17日凌晨1点左右到门店前台，要求办理入住手续时，前台表示没有房间了，客人很生气。该事件该如何处理呢？

学习目标

1. 掌握商务连锁酒店前台处理客人要求延迟退房时的工作流程；
2. 掌握商务连锁酒店前台处理客人退房时物品破损时的工作流程；
3. 掌握商务连锁酒店前台处理客人预订房间后无房情况的工作流程；
4. 能够合理处理客人要求延迟退房要求的个性化服务；
5. 能够合理处理客人退房时房间物品破损情况；
6. 能够合理处理客人预订房间后无房情况。

■ 前台运营管理
典型案例分析

案例一：客人想要延迟退房，该怎么处理？

前台：早上好，先生/小姐，有什么需要帮忙的吗？

客人：我是乘今天下午两点的火车离开宁波，中午我可以留在房间休息一下吗？能不能延迟到下午1点退房。

前台：先生/小姐，很抱歉，因为客情紧张，所以在您入住的时候，都有提醒客人退房的时间，您的房间也已经有预订了，可能会影响其他预订的客人入住。但我们可以为您提供免费存放行李的服务。

客人：那我怎么办？

前台：您可以在我们大堂沙发上休息一会儿。

客人：不，我想在这间房休息一会儿。

案例分析：

在这个案例里，当天的房间已被全部订出，但客人还是坚持要延长住宿时间，这势必会影响退房后的清洁整理，给预订的客人造成不便，此时应如何处理呢？首先，介于会员有延迟退房的优惠，我们可以请客人加入会员。其次，可以向经理请示，按照实际情况处理。

具体操作：

前台：先生/小姐，因为您如果延迟退房，可能会影响下一位客人的入住，我需要向我们的领导请示下。不过，如果您是我们的会员客人，是可以享受延迟退房的礼遇，您是否愿意办理一张会员卡。

客人：我知道办理会员卡不是免费的，我也不经常住酒店，所以不想办。

前台：好的，那请您稍等。

几分钟后（同意延迟）

前台：对不起，先生/小姐，让您久等了，我已经和我的上级汇报了，您可以在下午1点来退房，不过因为新的客人也会即将入住，因此麻烦您准时下来办理退房手续。

或者（客情紧张不同意延迟）

前台：对不起，让您久等了，您房间新的预订客人将在12:00左右到，实在对不起，您能否先办理退房手续，在休息区稍作休息，行李我们可以帮您寄存保管，您看这样好吗？如果没有客人预订的话，我们会尽量满足您的，实在是非常抱歉。

客人：没关系，那也只能这样了。

案例二：客房物品破损

前台：早上好，先生。请问有什么可以帮您？

客人：早上好。

前台：我们服务员在打扫房间时发现您房间的床单烧破了几个洞。

客人：是吗？

前台：您是不是再回房间看看。

客人：那不用了。

前台：我很抱歉，床单烫坏得很严重，按照我们酒店的规定，需要赔偿。

客人：要赔多少？

前台：根据赔偿标准，需要赔偿100元。

客人：什么？几个洞，要100元太贵了，我不付。

案例分析：

酒店客房物品人为损坏也是常见的情况之一，无论是有心还是无意，客人对涉及金钱的赔偿问题都是很敏感的，因此如何和客人沟通并达成一致是需要技巧的，同时注意语言一定要委婉。

具体操作：

前台：对不起！实在很抱歉，虽然是几个洞，但是床单不能再次使用了，所以要做报废处理。

客人：更换一条床单也不用100元，我觉得这个价格不合理。

前台：先生，不好意思，这个赔偿金额我是根据物品价目表上的规定来收取的，如您觉得有疑问，我请示下我们经理。

如果客人有很大疑问，可以请示上级，适当定出一个低于100元的价格，可以观察

客人的心理承受能力来定。

经理：对不起，让您久等了，因为我们酒店的物品都是定做的，所以酒店用品的价格比普通家用购买的要略高一点，主要目的也是让客人爱惜物品，考虑到您也是无意的，您看支付80元，好吗？

客人：那好吧，我也不是故意弄的呀。

前台：实在是非常抱歉。

如果是价值不高的物品，请示上级后，也可以做放弃处理。

前台：对不起，先生，我们服务员查房时发现您房间少了一条毛巾，请您回忆一下，您将毛巾放在什么位置，方便服务员查找。

客人：我只用过一条，还有一条我不知道，好像就只有一条毛巾。

前台：我们房间内都配有2条毛巾的，而且也经过检查，一般漏放是不会发生的，麻烦您再回忆一下是否有您的朋友误拿了。

客人：不可能的，没有朋友来过，拿条毛巾有什么用？我又不缺。

前台：不好意思，那我们再核实一下。

案例三：旺季时，客人预订客房，但延时到店后发现房满怎么办？

在旺季时，我们经常遇到这样的情况，预订的客人没有在规定的时间内到达酒店，也没有任何形式的担保，酒店由于各种原因无法联系到客人，又有散客上门，该如何处理呢？

前台：晚上好，小姐。请问有什么可以帮您？

客人：我叫王莉，我预订了一间标准房。

前台：对不起，现在房间已经满了。我们查过您的预订信息，房间是给您保留到18点的，在取消您的预订前曾联系您的手机，但一直无法接通，因为您也没有担保过，现在是旺季，我们都是客满的，所以有其他客人要入住，只能取消您的房间了。

客人：哦，我在飞机上，飞机延误了两个小时，所以你们电话打不通。那现在怎么办？那么晚了，我没地方住了。

前台：很抱歉，王小姐别担心，我会打电话到就近其他连锁店，帮您问一下是否还有房间，您看可以吗？

客人：好的。

几分钟后

前台：我已经在我们的××门店帮您预订了一间标准房，打车只需要10分钟，您看行吗？

客人：哦，好的，谢谢！

前台：不用谢，也很抱歉这次没能让您安心入住本店。

考核指南

基础知识部分：

1. 商务连锁酒店前台处理客人要求延迟退房时的工作流程；

2. 商务连锁酒店前台处理客人退房时物品破损时的工作流程；

3. 商务连锁酒店前台处理客人预订房间后无房情况的工作流程。

实践操作部分：

1. 按照具体的工作要点，合理处理客人要求延迟退房的要求；

2. 按照具体的工作要点，合理处理客人退房时物品破损情况；

3. 按照具体的工作要点，合理处理客人预订房间后无房情况的发生。

习题

1. 当前台人员正在接听客人电话过程中，有其他客人来到面前，应如何处理？下列哪一种做法是不恰当的（　　　　）。

　　A.向来客点头示意，让客人稍等

　　B.尽快结束通话，以免让客人产生厌烦情绪

　　C.暂时先不向客人进行任何表示，以免打断正在进行的通话

　　D.放下听筒先向客人道歉：让您久等了

2. 客人自称是总经理的朋友，要求特价入住，应如何处理？下列哪一种做法是不恰当的（　　　　）。

　　A.查询客史档案，看其是否享受过特殊折扣

　　B.当着客人的面与总经理核实，尽快确定其身份

　　C.核实后告诉客人房价，先入住，由总经理补审批手续

　　D.若暂时无法联系上总经理，则向客人解释，先按平时价入住，等总经理确认后再改房价

3. 客人住店期间适逢生日，酒店可以做什么？（　　　　）

　　A.提前通知餐厅为客人准备水果并放入房间

　　B.送贺卡

　　C.由当班经理致电客人表示祝贺

　　D.以上都是

4. 住客在退房时，向前台表示有一个十分贵重的物品想要寄留在前台，其朋友次日来取，应如何处理？（　　　　）

　　A.了解物品后，委婉地向客人表示不能转交贵重物品

　　B.请客人写好委托书，注明物品名称、数量、取物人姓名、联系地址等并签名

　　C.核对委托书内容与物品是否一致

D.朋友来取物品时，须出示有效证件，写下收条

5. 以下属于我国不承认的护照的有（　　　　）。

    A.世界服务组织发的护照　　　　　　　B.议会护照

    C.英国旅游护照　　　　　　　　　　　D.以上都是

6. 客房用品是配套使用的，通常不出售，但是客人提出要购买房间用品留念，应如何处理？哪种方式最为恰当？（　　　　）

    A.再次委婉地告知客人不能购买

    B.向上级汇报后，获得许可后可出售给客人

    C.检查下用品是否宽裕，如宽裕即可出售给客人

    D.向上级汇报，再检查下用品是否宽裕

7. 客人生病了，请求前台代买药品，应如何处理？以下不恰当的做法是：（　　　　）。

    A.委婉地向客人说明不能代买药品

    B.向客人推荐附近的药店

    C.如客人不想看病，坚持让前台为其代买药品，前台应及时通知当班经理

    D.应避免陪同去买药，以免误导客人

8. 长住房客人的接待注意事项为（　　　　）。

    A.首先确认长住房客人是否有特殊需求

    B.对于长住房客人，询问每周更换布草的时间

    C.预付款需要及时收取

    D.以上都是

9. 递送账单给客人时，注意事项有哪些？以下不恰当的做法是（　　　　）。

    A.上身前倾

    B.账单文字对着客人

    C.若客人签单，应把笔套打开，笔尖对着客人，然后以双手递给客人

    D.指出客人签字的区域

10. 跟客人一起乘坐电梯时，应如何处理？以下做法不恰当的是（　　　　）。

    A.电梯门开时，应主动用手压住电梯感应开关，以不使电梯门关闭

    B.微笑问候客人，另一只手做出引导姿势请客人进入电梯

    C.进入电梯后，应立于电梯后方，前方位置留给客人

    D.若中途先于客人离开电梯，应对客人说声"再见"

第二节　客房运营管理

专题一　客房岗位特点及职责

案例导入

过年期间，某新酒店四位清扫员阿姨都想请假回家过年，沟通协商后只有一位清扫员愿节后调休。为保障正常运转，店长临时在外面找了两位没有经验的兼职人员，简单培训后上岗了，没想到因为不熟练，打扫速度太慢，导致14:00无干净房可卖。店长连忙安排客房主管协助打扫，因客房主管、店长无暇查房，导致在入住高峰收到了很多客人的投诉，投诉房间卫生品质不好等情况。

学习目标

1. 了解商务连锁酒店客房部门地位及工作职责；
2. 了解商务连锁酒店客房类型及配备设施；
3. 能够进行客房用品的配置工作。

■ 客房岗位特点及职责

商务连锁酒店企业的主要产品是客房，所以客房的管理至关重要，它决定着顾客对酒店产品的认可度及"回头率"。

客房部门主要负责客房清洁卫生、楼梯、走廊、公共环境卫生和客房服务工作。客房部门对于商务连锁酒店企业来讲，管辖着酒店内最大的工作区域，也是酒店的一个重要组成部分，它为客人提供24小时的服务。客房的清洁卫生程度、安全状况、设备与物品的配置和使用效果，服务人员的服务态度和服务水准等，都是客人所关心的，并直接影响客人对酒店的印象。

可以说，客房服务质量是衡量整个酒店服务质量、维护酒店声誉的重要指标。

那么，作为一家商务连锁酒店门店的客房部门，即我们常说的客房班组，它所承担的主要任务包括哪些方面呢？

一、客房部门工作职责

（一）为客人提供舒适、整洁、清新的住宿环境和周到的服务

客人在酒店停留期间，主要是由客房承担客人起居休息的功能。所以保持客房的舒适、整洁、温馨是酒店必须尽到的最起码的义务。也是客房部门工作的重中之重。客房班组必须定人定责，每天检查、清扫、整理客房，为客人提供良好的住宿环境。

（二）确保所有的客房、楼层和公共区域环境的整洁、卫生

在商务连锁酒店，除了客房之外，还包括客房各个楼层走廊、电梯厅、大厅、办公室等公共区域，其清洁和保养工作，也会影响到酒店形象。所以客房班组需要严格督促服务人员彻底清洁、整理公共区域以及进行简单的保养工作，从而为楼层及其他公共区域提供一个舒适、整洁的环境。

（三）对酒店各类设施设备做好定期的清洁和保养

客房设施设备和设计规划的水准，以及物品配备的材料资质，都代表酒店的品级，也是酒店房价制定的尺度，因此，酒店要维持自己的经营，必须加强客房的管理，加强客房设施设备的日常保养和维护，延长其使用寿命。

（四）为客人提供生命和财产安全保障

安全需要是客人在酒店居住时最基本的要求之一，而客房又是涉及客人人身和财产安全最主要的场所。因此，客房部的员工必须具有强烈的安全意识，保管好客房房卡，做好有关的安全记录，一旦发现可疑行迹的人，或是异常的声响，都要立即向上级汇报，及时进行处理，防患于未然。

（五）酒店员工制服与布件的收发和储备

酒店员工的服装、仪容仪表代表着酒店的形象，员工制服的收发、储备，都关乎着员工的工作形象和精神。客房部负责员工制服的管理工作，以及酒店相关布件的收发、储备工作，这些是酒店客房部的工作职责。

（六）与其他相关部门进行协调、沟通，共同满足客人的需求

为了提升客人满意度和日常工作效率，客房班组必须同其他部门紧密合作。经过双方或多方配合才能使工作效率大大提高。

1. 与服务中心之间的沟通

楼层应每日至少4次（8:00、12:00、16:30、21:00）与服务中心核对房态，及时、正确掌握当前住房情况，这样才有利于酒店的出租率和工作效率的提高。

2. 万能工

如果客房设施设备出现故障，客房人员要及时通知万能工，并及时修复故障问题，这样就会避免客人因为设施设备故障而投诉酒店或影响出租的现象。

3. 信息传递与沟通

客房班组要掌握来自各个班组的所有信息，如果发现存在的问题，客房主管将同有关班组沟通和讨论这些问题，直至问题得到解决，并且要选择最好的办法，对这些问题进行跟踪检查。

补充知识点：客房班组的组织架构（见图3.18）。

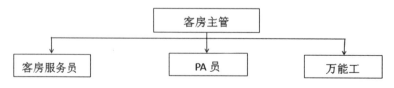

图 3.18　客房班组的组织架构

在商务连锁酒店中，客房部门是员工人数较多的一个部门，而其中最主要的是客房主管。客房主管是客房部门的灵魂，主要负责组织和安排客房和公共区域的清扫工作，确保酒店客房干净与设施良好，并负责客房的物品成本控制。而客房服务员、PA员和万能工是客房班组的主要组成人员，其中万能工岗位，在一些连锁酒店中采用单独设立的方式。

二、客房类型及配备设施

（一）客房种类

大床房：此房型内放置一张双人床，独立的淋浴卫生间，24小时供应热水、空调、电视齐全，比较适合单身客人或夫妻（见图3.19）。

双床房：此房型内设有两张单人床，可供两位客人住宿，独立卫生间，24小时供应热水、空调、电视（见图3.20）。

商务房：房间内设有一张双人床，称为商务大床房；设两张单人床，称为商务双床房。内除标准设施外增添了办公用品，适合商务客人居住（见图3.21）。

套房：此房型与其他房型的最大区别是有独立的会客空间，其他设施设备一样（见图3.22）。

图3.19　大床房

图3.20　双床房

图3.21　商务房

图3.22　套房

（二）房间的设备与用品配置

床：床托、席梦思床垫、床护垫、床单、棉被、被套、枕头、枕套、床尾巾、抱枕（见图3.23）。

床头柜：电话机、铅笔、便签夹、温馨提示卡、计生用品、遥控器（见图3.24）。

灯：床头灯、夜灯、台灯、顶灯（见图3.25）。

客房起居空间物品：茶几、烟缸、沙发椅、写字台、茶盘、台灯、杂志（见图3.26）。

茶盘：托盘、电热水壶、茶杯（见图3.27）。

衣柜：衣架。

垃圾桶。

房间装饰品：壁画、绿植（见图3.28）。

空调：中央空调或单体空调（见图3.28）。

消防安全装置：烟感报警器、安全疏散图、喷淋、灭火器、防盗链、猫眼（见图3.29）。

窗帘：遮光帘、纱窗等（见图3.30）。

各类温馨提示标志：安全提示、防滑提示等（见图3.30）。

图 3.23　床及配置

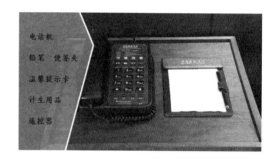

图 3.24　床头柜及配置

图 3.25　客房灯具

图 3.26　客房起居空间

图 3.27　客房茶具

图 3.28　房间装饰品及空调

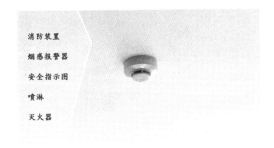

图 3.29　消防安全装置

图 3.30　窗帘及温馨提示标志

（三）卫生间设备与客用品

淋浴间：淋浴花洒、洗发沐浴液（见图3.31）。

洗面台：洗漱盒、漱口杯、皂碟（见图3.32）。

恭桶：卫生纸架、垃圾桶（见图3.33）。

毛巾架：毛巾、浴巾、地巾（见图3.34）。

客用品：拖鞋、擦鞋布、垃圾袋、牙刷、牙膏、浴帽、肥皂、梳子、卫生纸、矿泉水、茶叶包（见图3.35、图3.36）。

图 3.31　淋浴间及配置

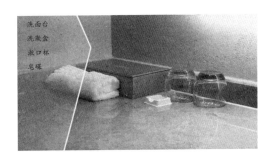

图 3.32　洗面台及配置

图 3.33　恭桶及配置

图 3.34　毛巾架及配置

图 3.35　客用品 1

图 3.36　客用品 2

　　了解了商务连锁酒店客房类型及其设施设备、用品配置的标准和要求后，在下一专题中，我们再进一步了解客房部门的管理要点。

考核指南

　　基础知识部分：

　　1. 商务连锁酒店客房部门地位及工作职责；

　　2. 商务连锁酒店客房类型及配备设施。

　　实践操作部分：

　　能根据商务连锁酒店客房类型进行用品的配置工作。

习题

　　1. 客房部门为客人提供（　　　　）小时的服务。

　　　A.8　　　　　　　　　　　　　　　　B.12

　　　C.16　　　　　　　　　　　　　　　 D.24

　　2. 客人在酒店停留期间，由客房部门承担客人（　　　　）的功能。

　　　A.入住环节　　　　　　　　　　　　 B.访客接待

　　　C.起居休息　　　　　　　　　　　　 D.宴请聚会

3. 客房部门所要负责以下（　　　）区域的清洁卫生。

    A.客房内部　　　　　　　　　　　　B.楼层走廊

    C.公共区域　　　　　　　　　　　　D.以上都是

4. 客房班组与服务中心的沟通，每天至少（　　　）次。

    A. 1　　　　　　　　　　　　　　　B. 2

    C. 3　　　　　　　　　　　　　　　D. 4

5. 下列哪一岗位的设置，可谓是客房部门的灵魂？（　　　）

    A.客房主管　　　　　　　　　　　　B.客房服务员

    C.PA员　　　　　　　　　　　　　　D.万能工

6. 商务连锁酒店的客房种类有（　　　）。

    A.大床房　　　　　　　　　　　　　B.双床房

    C.商务房　　　　　　　　　　　　　D.以上都是

7. 房间内除标准设施外增添了台式电脑，适合商务客人且未携带电脑的客人居住，是哪一类房型（　　　）。

    A.大床房　　　　　　　　　　　　　B.双床房

    C.商务房　　　　　　　　　　　　　D.套房

8. 茶盘一般放置在（　　　）区域。

    A.写字台　　　　　　　　　　　　　B.茶几

    C.衣柜　　　　　　　　　　　　　　D.床头柜

9. 洗发液、沐浴液一般放置在（　　　）区域。

    A.淋浴间　　　　　　　　　　　　　B.洗面台

    C.毛巾架　　　　　　　　　　　　　D.恭桶

10. 下列哪一项不属于客房区域的客用品？（　　　）

    A.拖鞋　　　　　　　　　　　　　　B.擦鞋布

    C.垃圾袋　　　　　　　　　　　　　D.小毛巾

专题二 **客房管理要点**

案例导入

某新酒店地理位置优越，在市区火车站附近，自开业起生意非常好，出租率每日均在98%以上，但因新店各项工作繁忙，员工均是新招录培养，一年下来酒店陆陆续续开始出现了一系列问题。这天店长李佳就连续接到两位客人反馈住店感受不佳，仔细询问过后才了解到，房内床垫多处塌陷，躺卧感受非常不好。经检查，酒店已经有10多张床垫出现了类似的情况，查看客房维保记录后，李佳找到了原因，酒店开业一年多，从来没有做过翻转床垫或者其他任何保养，加之出租率高，床垫损坏率非常高，当即安排客房主管仔细盘查坏损床垫，并重新采购，好的床垫安排一季度做一次翻转保养。

学习目标

■ 客房管理要点

1. 掌握商务连锁酒店保洁项目安排计划要点；
2. 掌握商务连锁酒店客房服务工作效率提升要点；
3. 掌握商务连锁酒店客房设备管理要点；
4. 掌握商务连锁酒店布件控制管理要点；
5. 掌握商务连锁酒店客用品控制管理要点；
6. 能够开展客房部门保洁项目安排计划、客房服务效率有效提升、客房设备管理、布件控制管理、客用品控制管理等客房管理工作。

一、保洁项目及周期的安排

对于商务连锁酒店企业来讲，客房和公共区域的整洁和舒适是至关重要的。所以客房和公共区域的保洁工作是客房工作的重中之重，这一模块的工作需要做好统一安排，制订好工作计划和标准。

（一）客房保洁工作计划及标准

1. 每日一次的保洁工作

每日一次的保洁工作计划及标准见表3.1。

表3.1 每日一次保洁工作计划及标准

清洁内容	清洁要求
客房地毯吸尘或客房地板清洁	清洁后及时将家具复位
客房墙角和踢脚线清洁	

清洁内容	清洁要求
客房家具清洁	清洁时注意家具的质量与使用情况
客房吊灯和台灯清洁	使用干抹布清洁
客房墙面清洁	擦灰时，同时进行
电话清洁	及时清洁电话机上的污迹、茶迹、咖啡迹
电视机清洁	使用干抹布清洁
卫生间地面墙面清洁	
卫生间防滑垫清洁	
房号牌及门锁清洁	清洁发亮，不要擦掉数字上的颜色

2. 每周一次的保洁工作

每周一次的保洁工作计划及标准见表3.2。

表3.2　每周一次保洁工作计划及标准

清洁内容	清洁要求
客房墙面墙角清洁	可用抹布蘸稀释的清洁剂擦拭污迹
电话机消毒	清洁剂、酒精不要滴入电话机内
卫生间灯具清洁	注意对灯具的水迹与小垃圾的清除

3. 每半个月一次的保洁工作

每半个月一次的保洁工作计划及标准见表3.3。

表3.3　每半个月一次保洁工作计划及标准

清洁内容	清洁要求
客房玻璃窗清洁（内面）	清洁干净明亮，注意安全
客房窗帘架清洁	清洁、无污渍、无蜘蛛网，注意安全
客房床底清洁	打扫VD房[①]时，必须清除床底杂物
空调清洁	注意安全
卫生间顶面、墙面清洁	注意对墙砖缝的清洁
卫生间排风口清洁	注意对排风效果的检查
电线与电源插座清洁	一定要在断电的情况下进行清洁

---

① VD即Vacant Dirty，VD房指住房已经结账离店，需要打扫的脏房。

4. 每月一次的保洁工作

每月一次的保洁工作计划与标准见表3.4。

表3.4　每月一次保洁工作计划与标准

清洁内容	清洁要求
客房玻璃窗清洁（外面）	清洁干净明亮、注意安全
客房顶面清洁	清洁、无污迹、无蜘蛛网
客房床垫清洁	铺床时同时进行
客房顶灯和壁灯清洁	明亮、无灰、灯罩内无垃圾
空调过滤网清洁	清洗、风干后方可放回
卫生间地漏喷药消毒去味	经常往地漏内浇灌热水
恭桶水箱清洁	清洁时注意将水箱盖放置在安全的地方

5. 每三个月一次的保洁工作

每三个月一次的保洁工作计划及标准见表3.5。

表3.5　每三个月一次保洁工作计划及标准

清洁内容	清洁要求
客房窗帘清洗	注意安全，保管好窗帘钩
客房家具打蜡保养	将家具蜡均匀地喷洒在抹布上，擦拭家具
客房床垫翻转周期	做好床垫标记，每季度第一个月完成
客房床罩清洗	洁净，无污渍
卫生间金属饰面上光保养	不能用带钢丝的百洁布擦拭
客房地毯清洗保养	严重污迹要做去迹处理，发现污迹及时清洁

（二）公共区域保洁工作计划

1. 每日一次的保洁工作

酒店门庭玻璃清洁；大堂地面清洁；电梯内日常清洁；走道地面清洁；走道踢脚线清洁；公共区域指示牌清洁；烟筒清洗；绿化清洁。

2. 每周一次的保洁工作

大堂墙面和墙角清洁；电梯内顶面清洁；走道墙面和墙角清洁；绿化养护。

3. 每半个月一次的保洁工作

大堂客人休息沙发外套清洗；电梯内金属面上光。

4. 每月一次的保洁工作

酒店门庭金属面上光；大堂顶面清洁；大堂顶灯或吊灯清洁；走道顶面和顶灯清洁。

5. 每两个月一次的保洁工作

大堂地面抛光保养；公共卫生间金属饰面上光。

（三）清洁设备的保洁工作计划

1. 每日一次的保洁工作

吸尘器清洁；工作车保洁；清洁工具保洁。

2. 每月一次的保洁工作

吸尘器保养。

二、客房服务工作效率提升

商务连锁酒店的客房出租率是衡量企业营收的重要标志，而客房清洁卫生的高效也是保障客房能顺利出租的前提和基础。所以，为了确保员工的工作效率呈现一定的合理性和科学性，并体现其公平性，必须制定服务效率的标准，即针对客房班组员工各个工作项目制定一定的标准。

（1）散客查房：3分钟。

（2）团队查房：8分钟（5间房）。

（3）客房服务时间：4分钟（提供客人物品等服务时间）。

（4）客房维修处理时间：8分钟（可及时处理的维修时间控制）。

（5）标准间保洁时间（VC房[1]）：10分钟。

（6）标准间保洁时间（OC房[2]）：20分钟。

（7）标准间保洁时间（CO房[3]）：30分钟。

（8）单人间保洁时间（VC房）：10分钟。

（9）单人间保洁时间（OC房）：20分钟。

（10）单人间保洁时间（CO房）：25分钟。

（11）豪标房间保洁时间（VC房）：15分钟。

（12）豪标房间保洁时间（OC房）：30分钟。

（13）豪标房间保洁时间（CO房）：40分钟。

（14）长包房保洁时间（LTC房[4]）：15分钟。

（15）主管查房：6分钟。

---

[1] VC即Vacant Clean，VC房指房间经过打扫、主管检查后可以入住的房间。

[2] OC即Occupied Clean，OC房指已清洁的住客房。

[3] CO即Check Out，CO房指客人已经结账离店，且尚未清洁的客房。

[4] LTC即Long-stay Clean，LTC房指长包房，指客人住店达到一定的期限（一般为三个月及以上），与酒店签订长住协议并预付押金的房间。

三、客房设备的管理

（一）客房设备日常管理

（1）加强员工技术培训，提高其操作技术水平，懂得客房部设备的用途、性能、使用及保养方法。

（2）培养员工爱护设备的自觉性和责任心，鼓励员工不仅要高质量、高水平地搞好服务接待工作，更加要养成保养、管理好客房设备的习惯。

（3）客房服务员按规程对客房设备进行日常检查和维护保养，发生故障时及时与有关部门联系进行修理，如遇上客人损坏设备，须分清原因，适当索赔。

（二）设备保养与维护

设备的保养与维护分为定期和不定期两种，定期包括每周、每月、每季度及每年的周期计划。不定期的须视情况、季节而定，原则上执行各项保养维护的工作，最好利用住房率较低的时间进行。

1. 具体的流程

（1）先由店长会同客房主管或领班共同拟订"客房保养计划表"，表上须列明保养项目、保养日期、保养人并暂定保养完成日期。

（2）保养工作由客房主管依据"客房保养计划表"通知相关人员进行保养，并由领班负责监督完成情况。

（3）保养完毕，领班检查无误后在"客房保养计划表"上签名，上交主管。

2. 保养工作重点

（1）各项家具及备品：窗帘、地毯、窗台板、踢脚板、浴室抽风盖板、衣柜门等。

（2）各项工具用品：吸尘器、吹风机、工具箱、工作车、备品车、预备床等。

（3）其他：电视机、各类用具保养等。

四、客房布件的控制

（一）客房布件存放

1. 存放规定要求

即楼层布件房、工作车、中心布件房各需存放的数量以及所规定的摆放位置和格式，都需要有统一的规定。这样员工就有章可循，平时只要核对一下数量就可以知道有没有发生差错以及是否够用，也一定程度上提升了员工的工作效率以及工作责任心。

2. 存放具备条件

具有良好的温度和湿度条件。库房相对湿度不能大于50%，最好控制在40%以内，温度以不超过20摄氏度为宜。

通风良好，以防微生物繁殖。

墙面材料应经过良好的防渗漏及防霉蛀预处理，地面材料最好用PVC石棉地砖。

在安全上，房门应常锁，限制人员的出入，并要做经常的清洁工作和定期的安全检查，包括有无虫害、电器线路是否安全等。

布件要分类上架摆放并附货卡。布件库不能存放其他物品，特别是化学药剂以及食品等。

对长期不用的布件应用布兜罩起来，以防止积尘、变色，否则严重的污染可能导致布件领用后难以洗涤干净。

（二）客房布件收发

主要考量的是对布件数量及质量的控制。

（1）送多少脏布件换多少干净的布件。

（2）超额领用需要填写"借物清单"，并经过相关人员批准。

（三）客房布件报废和再利用

（1）使用年限已到的布件，需要及时淘汰，更换新的。

（2）进行大规模统一调整而作更换的布件，需要好好地给予利用。

（3）对于破损或沾上污迹后无法清除的布件：首先，需要定期及分批地进行"报废"；其次，在处理报废事宜时，中心布件房员工应予以核对，并由客房主管审批并填写报废记录；报废布件需要洗净、捆扎好后再集中存放；报废的布件根据具体情况可改制成小床单、抹布、枕套或盘垫等。

（四）员工使用布件控制

避免员工使用客房布件做抹布用，或将客用毛巾占为己有。对前一种现象，应加强监督培训，并保证有充足的抹布供应；对后一种做法，一定要予以严肃处理，以绝后患。

（五）布件洗涤管理

布件洗涤的程序、时间、温度和洗涤剂的使用是影响布件质量的几个主要因素，所以在布件管理上，需要关注这4个方面的问题。另外，还需要注意以下几个问题：

（1）新布件洗涤后再使用。

（2）洗涤好的布件放置一段时间进行散热透气。

（3）脏布件不过夜。

（4）湿布件优先处理。

（六）布件盘点

（1）客房布件盘点按照时间段来划分，可分为三个月小盘点、半年小盘点、年度大盘点。

（2）客房布件盘点由客房班组自行组织，年度盘点可由财务部门牵头组织。

（3）盘点工作通知提前布置和落实。

（七）备用布件管理

（1）备用布件的购买应分批有计划地进行。

（2）备用布件应遵循"先进先出"原则进行投入使用，最好在布件边角上注有标记，方便跟踪分析其使用状况，并定期进行更新换代工作。

（3）新布件进货后，即时建立备用布件储量卡，可供客房部随时了解现存布件的

品种和数量，及进行布件补充计划。

五、客用品控制

（一）客用品发放

客用品的发放应根据库房内的配备定量明确周期和时间。在领取之前先填写领料单，凭领料单取货后，将此单留在中心库房以便做统计使用。

（二）客用品的日常管理

1. 控制流失

严格把控库房客用品日常管理，制订相应的规章制度，并严格执行，诸如：随时锁上楼层小库房的门，工作车按规定使用，控制酒店员工及外来人员上楼层，加强各种安全检查并严格执行各项管理制度。

2. 每日统计

服务员完成每日的客房整理之后，填写一份主要客用品的耗用表，并将耗用表汇总备案于"每日房间卫生用品耗量表"及"每日楼层消耗品汇总表"中。

3. 定期分析

每月做好相应的分析报表：

（1）根据每日耗量汇总表制定出月度各楼层耗量汇总表。

（2）结合住客率及上月情况，制作每月客用品消耗分析对照表。

（3）结合年初预算情况，制作月度预算对照表。

（4）根据控制前后对照，确定每房每天平均消耗额。

考核指南

基础知识部分：

1. 商务连锁酒店保洁项目安排计划要点；

2. 商务连锁酒店客房服务工作效率提升要点；

3. 商务连锁酒店客房设备管理要点；

4. 商务连锁酒店布件控制管理要点；

5. 商务连锁酒店客用品控制管理要点。

实践操作部分：

开展客房岗位的保洁项目安排计划、客房服务效率有效提升、客房设备管理、布件控制管理、客用品控制管理等客房管理工作。

习题

1. 下列属于客房每日一次的保洁工作是（　　　）。
   A.地毯吸尘   B.踢脚线清洁
   C.墙面清洁   D.以上都是

2. 下列属于客房每周一次的保洁工作是（　　　）。
   A.墙面清洁   B.电话机消毒
   C.卫生间灯具消毒   D.以上都是

3. 下列属于每半个月一次的保洁工作是（　　　）。
   A.客房玻璃窗内面清洁   B.客房窗帘架清洁
   C.客房床底清洁   D.以上都是

4. 下列属于每月保洁一次的工作是（　　　）。
   A.客房玻璃窗外面清洁   B.客房顶面清洁
   C.客房床垫清洁   D.以上都是

5. 下列属于每三个月一次的保洁工作是（　　　）。
   A.客房窗帘清洗   B.客房家具打蜡保养
   C.客房床垫翻转   D.以上都是

6. 下列属于公共区域每日一次的保洁工作是（　　　）。
   A.酒店门庭玻璃清洁   B.大堂地面清洁
   C.电梯日常清洁   D.以上都是

7. 下列属于公共区域每周一次的保洁工作是（　　　）。
   A.大堂墙面和墙角清洁   B.电梯顶面清洁
   C.走道墙面清洁   D.以上都是

8. 下列属于公共区域每个月一次的保洁工作是（　　　）。
   A.酒店门庭金属面上光   B.大堂顶面清洁
   C.大堂顶灯或吊灯清洁   D.以上都是

9. 下列属于清洁设备每日的保洁工作是（　　　）。
   A.吸尘器清洁   B.工作车保洁
   C.清洁工具保洁   D.以上都是

10. 客房布件年度盘点工作由（　　　）部门牵头组织。
    A.客房   B.前台
    C.总部客房管理部门   D.总部财务部门

> **专题三** 客房服务流程及标准（上）

案例导入

某酒店在十一长假期间接待了非常多的外地观光客，10月5日下午4点客人致电前台，称早上6点退房时，客房内落下了一块手表，睡觉时放在枕头下方，离开时忘记了，希望酒店能将手表尽快快递给他。酒店与客人确认房号、姓名后，立马与客房确认该客人房间是否有客遗物品，客房反馈，该房并未登记有遗留物品，确认该房房态为干净空房后，酒店负责该楼层清扫的张阿姨马上到该房间重新查找，一番找寻后并没有找到，便按顺序在布草车、布草间查找，最后在洗涤公司运输车厢的脏布草中找到，幸好手表并没有损坏。但却花费了大量时间和人力。经回想，客房清扫员张阿姨在十一期间因客房清扫工作量大，打扫房间时忽略了一个环节，进门后没有对房内可疑物品进行盘查，导致客遗手表随脏布草一并送到了洗涤公司。

> **学习目标**

1. 掌握客房清洁工作流程及要点；
2. 能够按照相关规定，进行客房清洁工作。

■ 客房服务流程及
标准（上）

清洁客房流程

客房清扫次序：VIP房、客人口头要求打扫的房间、挂有"请速打扫"牌的房间、空房、退房、住房、请勿打扰房。

（一）准备工作

检查工作车上客用品及清洁工具是否齐全；根据客房房态，安排客房清扫，每辆工作车配备固定数量的可用易耗品（见图3.37）。

（二）进门前，做好时间记录

身体站直，面带微笑，如挂有"请勿打扰"牌，不应敲门，做好时间记录（见图3.38）。

图3.37 准备工作

图3.38 进门前，做好时间记录

（三）敲门并自报身份

两敲三报，用手指关节敲门两次，每次三下。每次敲门后自报身份："您好，服务员"（见图3.39）。将房门打开30度后，再重复："您好，服务员"（不得用其他物品代替手指敲门，员工进门前无论何房态都必须敲门，不允许从猫眼中窥视，可先按门铃一次，再按正常流程敲门）。

（四）进入

（1）开门至30度，自报身份后等待10秒钟，再轻轻推开房门，进入房间（见图3.40）；如有客人，应打招呼，并征询是否可以打扫（如进房发现客人在睡觉或在浴室，应立即退出关上门并做好记录，并注意在门外等候、观察；如客人被吵醒或发觉，应主动向客人道歉）。

（2）记录进房时间，插上取电卡；工作车内侧朝向客房，让工作车停放在房门口1/2处（打扫房间不要关上房间门，及时清洁挂"请速打扫"牌的客房）。

图3.39　敲门

图3.40　进入

（五）开窗通风

拉开窗帘，打开窗户（见图3.41）。

（六）巡视检查

打开所有照明灯具、电视，检查是否完好后，关闭所有电器；巡视和检查房间其他设施设备是否完好；检查是否有遗留物品，如有发现，立即报服务中心并做好记录；检查卫生间水龙头、恭桶是否有漏水现象，恭桶内未冲净的要及时冲净；及时报修损坏的设施设备，并在工作表备注栏内做好记录，如窗帘、电视机、空调、电话、灯具等；检查电视、空调的同时需按规定标准设置，如电视频道设置为1频道、空调温度设置在26摄氏度、电话铃声调到"中档"等；遗留物品应通知客房主管交至服务中心处理（见图3.42）。

图 3.41　开窗通风　　　　　　　　　　　图 3.42　巡视检查

（七）收拾垃圾与杯具

在巡视客房设备的同时，可以收拾垃圾并带回到工作车；将杯具收出放在工作车上或工作间内。垃圾不可放在走廊上；检查垃圾桶内是否有文件或有价值的物品，烟缸内是否有未熄灭的烟头等（见图3.43）。

（八）卫生洁具消毒

对恭桶、洗脸盆用R2清洁剂做好提前喷洒处理（见图3.44）。

图 3.43　收拾垃圾与杯具　　　　　　　　图 3.44　卫生洁具消毒

（九）清理脏布草

换下床单、被套、枕套，放入工作车的布件袋内；卫生间内五巾全部撤出房间，放入布件袋内。住房客人放在床上、椅子等处的衣服应用衣架挂起，如是睡衣则折叠后放在床头；被芯、枕芯不得放在地面上；发现有破损或污渍的布件和毛巾应分开存放，由洗涤公司进行特殊处理（见图3.45）。

（十）铺床

1.将床拉离床头板

弯腰下蹲，双手将席梦思床尾稍抬高，慢慢拉出；将床拉离床头板约50厘米。

2.铺床单

整理床护垫，检查床护垫清洁度并清捡毛发。铺：抖开床单，中线居中，两边下垂均匀。包：将两边下垂部分包入席梦思垫下，四角要求包角处理。包角要求内角45度，外角90度。发现床单有破损、污迹等及时调换；如床单无法头尾全包，必须要保证床尾的规范包角，床头部分可半包处理（见图3.46）。

图3.45　清洁脏布草　　　　　　　　　　图3.46　铺床

3. 将床复位

将床垫推进床头板，复位（不要用力过猛）。

4. 套被芯

抖开被套，将空气甩进被芯内；将被芯两角分别塞入被套两端，并使被芯中心与被套中心吻合；将被芯全部塞入被套内，抓住棉被两端将被套甩开，使被芯均匀地套在被套内；将被面平整地铺开在床上，左右两边和床尾自然下垂；将被头翻折约30厘米，翻边与床头柜齐平。（被套如有扎绳需做捆绑处理，不得外露；床尾下垂长度以遮盖席梦思床垫为标准；被套需铺平整，挺括）。

5. 套枕芯

将枕芯抖松平放在沙发上；对准枕芯中间用力用手臂下压，使枕头两角上翘后抓住两角；拿住枕芯的前两头塞进枕套内，边拉边抖动，使枕芯全部进入枕套（枕头必须四角饱满，外形平整，挺括，枕芯不外露）。

6. 放枕头

两个枕头：将枕头重叠斜靠在床头板上，中心线与被套中线对齐，枕套开口方向一致。四个枕头：两个枕头重叠斜靠，在以被套中心线为分隔线的两边，枕套开口方向口对口（枕头斜靠角度约15度）。

7. 结束

最后目视床面，全面整理，要求床面挺括美观（如有床尾巾，则将床尾巾铺于床尾部，空出约10厘米距离）。

（十一）清洁卫生间

1. 准备工作

清洁用具箱，分隔摆放：R2消毒剂、玻璃清洁剂、84消毒液、恭桶刷、面盆刷、百洁布，分色干湿抹布共5块。卫生间如光线较暗，需开灯；为保证有效消毒，一般在打扫卫生间前，先对恭桶、浴缸、面盆等做消毒液喷洒（见图3.47）。

2. 清洗淋浴间

用淋浴花洒冲洗淋浴间墙面、玻璃；用面盆刷刷洗墙面、玻璃；专用抹布（擦瓷面）擦干墙面、玻璃；清洗淋浴池地面、地漏，并用专用抹布（擦地面）擦干浴池地面；淋浴喷头、开关用干布擦干，避免留有水迹。

3. 清洗恭桶

必须保证已提前使用 R2 消毒液；使用恭桶刷对恭桶做全面清洗后放水冲掉；用专用抹布（擦恭桶用），擦恭桶底座、坐垫、盖子、水箱等部位（对恭桶周边进行清洁，如墙面、厕纸架、垃圾桶等）。

4. 清洁洗面台

用面盆刷清洁面盆内壁，确保内壁无污垢、皂垢；用专用抹布（擦瓷面用）清洁洗面台，并擦干；用专用抹布（擦镜面用）清洁玻璃镜面，如有需要使用玻璃清洁剂（清洁洗面台前，将所有需要搓洗的抹布做好清洗；漱口杯做提前消毒）。

5. 抹尘

用专用抹布（擦瓷面用）对卫生间的其他设备做抹尘，按照从上到下、从左到右的顺序（见图3.48）。

图 3.47　清洁卫生间：准备工作

图 3.48　抹尘

6. 补充用品

放入五巾（2 块毛巾、2 块浴巾、1 块地巾）；放入易耗品（2 支牙刷、1 把梳子、1 块肥皂、1 顶浴帽）；套垃圾袋，袋口留边 5 厘米；放卫生卷纸，开口部分折叠成三角状（见图3.49）。

图 3.49　补充用品

7. 清洁地面

用专用抹布（擦地面用）清洁地面，从里到外、沿墙角平行擦拭，边退边擦地面；如卫生间有异味或需增加卫生间清香味，可提前喷洒花露水在地面上。

（十二）抹尘

根据从上到下、从左到右的顺序对客房各个角落进行抹尘；抹尘后所有物品按规定标准定位（物品按标准摆放；清洁灯具、电器必须在断电的情况下进行，抹布不能太湿；抹尘的同时，要记住房间内需要补充的用品）。

（十三）补充用品

具体客房用品配备标准见表3.6。

表3.6　客房用品配备标准

客房用品	配备标准
防盗链	防盗链条需扣上，不应掉链
请勿打扰牌	请勿打扰牌挂于门后，请勿打扰字朝外
灯光设置	廊灯必须设置为开启状
地巾	淋浴玻璃门上有横向扶手，则地巾悬挂在扶手横档上；淋浴门无横向扶手，则放在淋浴池外地面（地巾均三折叠）
浴巾	原则上浴巾放在浴巾架上，如无浴巾架则根据实际情况而定（浴巾折叠成四方形）
毛巾	毛巾挂于毛巾架上或淋浴玻璃门上的横向扶手上（毛巾对折，背对背，两条毛巾长短呈一条直线）
漱口杯	放于洗面台左侧，颜色有明显区分，数量为2个
洗漱盒	放于洗脸台右侧；洗漱盒内放2支AB区分的牙刷（不含牙膏），1把梳子、1个浴帽、1支牙膏
皂碟	放于洗脸盆正中，水龙头右侧（皂碟内放一块肥皂）
卷纸	卷纸开口处折叠三角状（卷纸用量不得少于1/3）
洗浴液	安装于淋浴间内，两种液体有明显的文字和颜色区分（容量不得少于1/2）
遥控器	放在床头柜一侧（电视、空调）（与电话机分开放置，如只有一个床头柜，则合放在一起）
便签夹	放在床头柜一侧；便笺纸3张，笔尖朝上（与电话机一起）
计生用品	放于床头柜一侧（与遥控器一起）
衣架	挂于衣橱内，数量为4个
拖鞋与擦鞋布	若床头柜为敞开式，可放置拖鞋与擦鞋布；若床头柜为抽屉式，则放在衣橱下，与衣架平行；数量为2双，拖鞋颜色有区分
吹风机	挂壁式安装在卫生间内；移动式根据卫生间格局放置，原则上以放在卫生间为主

续　表

客房用品	配备标准
茶具托盘	水杯与矿泉水平行；水杯垫有杯垫，茶叶斜靠在水杯壁；配有水壶；数量：水壶1个，茶叶、水杯、杯垫、矿泉水均为2份
玻璃窗户	玻璃窗户开窗15厘米
窗帘	纱帘全部拉拢，厚帘拉开至玻璃窗两边的墙面
烟缸	放于茶几台面上，居中放置
电视、空调设置	电视频道设置在1频道，音量根据不同品牌调整到适中；空调夏季换到制冷模式，冬季换到制热模式，温度设为26摄氏度

（十四）清洁地面

从里到外清洁地面，保证地面干净、无污渍、无毛发或垃圾。如是地毯，需使用吸尘器吸尘；地板用拖把拖地，注意不得太湿；注意清洁床、桌、椅、墙角、柜后的死角卫生（见图3.50）。

（十五）最后检查

检查房间全部打扫完毕；物品摆放齐全和标准；无遗漏物品；灯光按照标准设立（见图3.51）。

（十六）离开房间

将清洁用品放回工作车上；记录做房时间及投放的客用品数量；取出取电卡，离开时对房门做安全检查后锁门（见图3.52）。

图 3.50　清洁地面

图 3.51　最后检查

图 3.52　离开房间

综上所述，客房清洁工作是客房部门最基本的工作，也是需要更多操作标准和细节要求的工作，除此之外，客房部门员工还需要开展哪些部门工作呢？在下一专题中，我们将继续介绍客房的其他工作项目。

考核指南

基础知识部分：
客房清洁工作流程及要点。
实践操作部分：
按照客房清洁工作流程及要点，进行客房清洁工作。

习题

1. 在进行客房清洁流程时，如遇到挂有"请勿打扰"牌的房间，应（　　）。
   A.立即打电话询问客人
   B.立即打电话到服务中心，查询情况
   C.应回避
   D.不应敲门，但做好时间记录
2. 在进行客房清洁流程时，敲门进房环节，敲门时应（　　）。
   A.两敲一报　　　　　　　　　　　　B.两敲两报
   C.两敲三报　　　　　　　　　　　　D.以上都是
3. 进入客人房间时，应将房门开至（　　）。
   A.15°　　　　　　　　　　　　　　B.25°
   C.30°　　　　　　　　　　　　　　D.45°
4. 当进入客房进行打扫时，应将工作车停放在房门口（　　）处。
   A.1/4　　　　　　　　　　　　　　B.1/3
   C.1/2　　　　　　　　　　　　　　D.正门口
5. 巡视检查客房时，要对房间设施设备进行调整，其中，应将电话铃声调至（　　）。
   A.低档　　　　　　　　　　　　　　B.中档
   C.高档　　　　　　　　　　　　　　D.免提
6. 清洁恭桶、洗脸盆时使用（　　）型号清洁剂。
   A.酸性　　　　　　　　　　　　　　B.碱性
   C.玻璃清洁剂　　　　　　　　　　　D.R2
7. 床单包角时，要求内角为（　　）。
   A.30°　　　　　　　　　　　　　　B.45°
   C.60°　　　　　　　　　　　　　　D.90°

8. 在套被芯时，应将被头翻折约（　　　）厘米。

    A.10　 B.15

    C.30　 D.40

9. 在清洁卫生间时，需要准备干湿抹布共（　　　）块。

    A.2　 B.3

    C.4　 D.5

10. 房间空调温度应调整到（　　　）。

    A.22℃　 B.26℃

    C.28℃　 D.30℃

专题四 客房服务流程及标准（下）

案例导入

关先生出差办事，提前在网上预订了某酒店。抵达酒店后，前台说有一间房正在打扫卫生，让关先生稍等一下，但关先生想先放好行李下楼吃饭，遂征得酒店同意后，上到酒店3层。到达房间后，他看见清扫员正在进门处的卫生间内刷马桶，并未太多留意，便直接走进房间。折回门口看到水杯和漱口杯都放在洗漱池里，看到这一幕的关先生上前询问清扫员，这些杯子还会有其他消毒措施吗？清扫员回复，会在池子中将杯子洗干净的。关先生当即决定换一家酒店。该案例对您有什么触动吗？

学习目标

1．掌握检查退房、遗留物品保管、请勿打扰房处理流程及要点；
2．掌握客房设备报修、大堂及公共区域清洁、走廊清洁流程及要点；
3．掌握客房杯子清洁消毒、工作车整理使用、吸尘器使用流程及要点；
4．能够开展客房查房、遗留物品保管、请勿打扰房处理等工作职责；
5．能够开展客房设备报修、大堂及公共区域清洁、走廊清洁工作职责；
6．能够开展客房杯子清洁消毒、工作车整理使用、吸尘器使用工作职责。

■ 客房服务流程及标准（下）

一、检查退房流程

（一）接收退房信息

仔细听清退房的房号并予以重复确认（例如前台：客房203退房，203，谢谢。客房：203退房，收到，谢谢）。

（二）服务员查房

（1）按敲门程序进房。

（2）将房间窗户打开，做好通风工作。

（3）检查客人的遗留物品，抖动棉被，确认是否有物品裹入其中。

（4）检查房间内是否存有不安全因素（如未熄灭的烟头等）。

（5）检查棉织品是否有特殊污渍。

（6）检查卫生间水龙头是否有未关或滴水现象，恭桶如未冲的需及时冲水，以防有异味。

（7）时间需控制在3分钟内，房间内有特殊情况需及时报告服务中心（客房服务员在做房单上要记录的内容有：房态的变更；房内是否有设备问题或者客人遗留物品等；房间内如有房间吧台商品消费也需要进行登记）。

二、遗留物品保管流程

（一）发现物品

及时与前台联系，告知房号、物品名称；在工作表单上做好记录（见图3.53）。

（二）递交物品

客房服务员应通知客房主管，由客房主管将物品交至服务中心；服务中心应记录物品所在房号、物品名称、客人姓名及日期（见图3.54）。

（三）物品保管

前台服务员根据提供的房号查找客人信息。如客人留有联系方式，及时电话联系；将遗留物品登记到遗留物品登记本中（见图3.55）；遗留物品需统一放到指定位置，无人认领的物品需定期处理（根据遗留物品的种类进行保管期限的划分：食品类保管7天，普通物品保管3个月，贵重物品保管1年以上）。

图 3.53　发现物品

图 3.54　递交物品

图 3.55　物品保管

三、请勿打扰房处理流程

（一）发现DND房（Do Not Disturb，"请勿打扰"房）

不得擅自敲门或进入房间；记录发现时间。

（二）电话询问

14:30仍为DND房，应通知客房主管打电话询问客人；礼貌问询：您好！先生/小姐，打扰您了，我是客房服务员，请问您需要整理房间吗？（如客人不需要，则在做房单上进行记录。）

（三）无客人在房

电话无人接听的情况，必须安排两个人同时进房查看，注意敲门程序到位；放置宾客通知单，内容为："先生/小姐，因您设置了'请勿打扰'，我们不便打扰，您在有需要的时候请通知服务中心，我们随时为您服务。"随后从门下放入房间。

（四）有客人在房

向客人解释进房的原因，并征询客人是否需要安排打扫；如果客人静躺在床上，需细心观察，是否有特殊状况。

（五）记录和跟踪

如 DND 房未安排打扫，客房主管需反馈给服务中心，同时记录在交接本中，并说明原因；对客人不在房间的DND房，需要将房内情况反馈给服务中心，如是否有行李等（DND一直持续到晚上，值班经理必须在晚上9点前再一次电话问询客人，以防发生特殊状况）。

四、设备报修流程

（一）检查

在清扫前，先检查和调试各项设备。

（二）报修

用通信工具及时报告工程人员，反馈房间号、何种设备故障；记录在客房工作单的设备栏里（客房清扫完，如维修人员未安排维修，则电话通知客房主管；万能工需记录报修信息）。

（三）维修

工程人员及时到现场维修，如无法修复的，则需反馈给客房主管和店长；维修后，维修人员需要清理维修垃圾（如果是外来人员维修，必须由门店员工、万能工或客房主管陪同）。

（四）验收和清洁

客房未清洁完毕前，设备维修完毕后，服务员需当场验收；客房清洁完毕后，万能工进房维修的，客房主管需要进行验收；将维修后的卫生遗留问题处理干净。

（五）万能工进房

客房清洁完毕后，万能工进房。

五、大堂及公共区域清洁流程

（一）大堂清洁

清洁立式烟筒和烟缸；大堂会客区清洁和整理；大堂环境清洁，保证墙面、地面无垃圾、污渍；绿植养护及绿叶整理、抹尘；各装饰物品清洁；时时关注垃圾桶内垃圾，垃圾超过2/3时要及时倾倒；2个小时内需要巡查一次大堂卫生；雨雪天或地面清洁时，要注意放置"小心地滑"牌。

（二）门庭清洁

玻璃门窗清洁；地面清洁，保持地面无烟头、无杂物；门口绿植花盆无灰尘，盆内无垃圾；随时对玻璃门窗的浮尘、指印脏渍进行擦拭；夜间定期对门店门口庭院路面与踏脚地毯进行冲洗；每天清洁门前的绿植盆。

（三）客梯清洁

保持电梯四壁、地面清洁，无烟头、垃圾等；保持电梯按钮、指示板、轨道地缝清洁；清洁客梯时如有客人在，需停止操作；时时巡查，及时处理卫生问题。

（四）绿化清洁

每天检查绿植盆内垃圾、修剪枯叶；擦拭植物叶子上的积灰；根据植物种类定期浇水。

六、走廊清洁标准

（一）地面

每天全面清洁两次（8:00和16:00），期间随时保持地面干净、无垃圾（如是地毯，先清除大垃圾，吸尘在早上9:00以后）。

（二）踢脚线清洁

保持踢脚线干净无污渍、无灰尘。

（三）墙面及装饰品清洁

保持墙面及装饰品干净无黑印、无污迹。

（四）防火门清洁

保持防火门无污迹、无脚印（检查闭门器是否正常）。

（五）平顶清洁

清洁平顶、角落、灯罩上的蜘蛛网。

（六）窗台清洁

保持窗台无污迹、无灰尘。

（七）楼梯清洁

清洁扶手，做到无灰尘、无污迹；清洁台阶，做到无污迹、无垃圾。

七、杯子清洁消毒标准

（一）准备工作
收集客人使用过的杯子到消毒间内，准备好消毒液与消过毒的抹布（见图3.56）。

（二）清洗杯子
杯子清洗干净（见图3.57）；放入消毒池内浸泡10分钟（消毒池内消毒水配置比例是84消毒液∶水=1∶200）。

（三）擦拭
将消毒液浸泡过的杯子放入清水中，清洗干净后用消过毒的抹布擦干；杯具要求明亮干净，无水迹、无手印、无破损（见图3.58）。

（四）消毒与保管
将杯子放入消毒柜内，消毒后放入保洁柜内待用（见图3.59）。

图3.56　准备工作

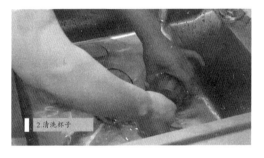

图3.57　清洗杯子

图3.58　擦拭杯子

图3.59　消毒与保管

八、工作车的整理与使用

（一）检查工作车
检查工作车的运行质量，推行灵活，无异响（见图3.60）。

（二）检查垃圾袋和布件袋
确保垃圾袋、布件袋有足够的支撑力，挂钩牢固（见图3.61）。

（三）物品摆放

布件车第一层物品摆放需按区域划分，将客用品按照划分的区域放入指定物品；第二层、第三层摆放棉织品（见图3.62）。

（四）清洁工具篮

工具篮内清洁用品齐全（见图3.63），配有短柄刷、长柄刷、清洁剂、百洁布（工具篮一般放在垃圾袋的横档上）。

（五）清洁抹布

工作车上布置挂钩，专门悬挂清洁抹布，清洁抹布需配置至少5块（见图3.64）。

（六）物品摆放标准规范

工作车上不能摆放私人物品，客人遗留物品禁止摆放过夜；布件袋内的布草不宜塞放过多，布件堆放高度不宜超过工作车车身30厘米；控制好工作车的行走方向，注意不要碰坏墙面以及其他相关设备；使用过程中如发现问题，应及时解决或通知万能工维修（见图3.65）。

图 3.60　检查工作车

图 3.61　检查垃圾袋和布件袋

图 3.62　物品摆放

图 3.63　清洁工具篮

图 3.64　清洁抹布

图 3.65　物品摆放标准规范

九、吸尘器的使用标准

（一）检查

查看吸尘器软管套两头有无扎好；查看插头是否完好、有无松动等不安全因素（见图3.66）。

（二）使用

打开吸尘开关，将吸头部位按地毯的顺毛方向吸尘；严禁吸水、潮湿物、铁钉、木头等尖刺的硬物；严禁用脚踏开关及拉线拔插头；听到异常响声应立即停用，待查（见图3.67）。

（三）保养清洁

打开吸尘器，取出电机、网罩，不能带电操作；取出尘袋，将垃圾倒掉，将垃圾袋口扎紧，以免灰尘扬出；用另外的吸尘器互相吸净滤网和尘袋；用微湿的布清洁吸尘器内部，确保无灰；放回尘袋、网罩、马达，确保装配完善（见图3.68）。

图 3.66　检查

图 3.67　使用

图 3.68　保养清洁

考核指南

基础知识部分：

1. 检查退房、遗留物品保管、请勿打扰房处理流程及要点；
2. 客房设备报修、大堂及公共区域清洁、走廊清洁流程及要点；

3. 客房杯子清洁消毒、工作车整理使用、吸尘器使用流程及要点。

实践操作部分：

1. 根据客房查房、遗留物品保管、请勿打扰房处理工作流程及要点，开展上述客房服务工作；

2. 根据客房设备报修、大堂及公共区域清洁、走廊清洁工作流程及要点，开展上述客房服务工作；

3. 根据客房杯子清洁消毒、工作车整理使用、吸尘器使用工作流程及要点，开展上述客房服务工作。

习题

1. 检查退房时，服务员应将退房时间控制在（　　）分钟内。

A.1   B.2

C.3   D.4

2. 在大堂及公共区域的清洁中，当垃圾桶内垃圾超过（　　）时，需要及时倾倒。

A.1/2   B.2/3

C.3/5   D.4/5

3. 在清洁公共区域卫生时，需要注意（　　）小时内需要巡查一次大堂卫生。

A.1   B.2

C.3   D.6

4. 在清洁杯具时，使用84消毒液，84消毒液与水的比例为（　　）。

A.1:1   B.1:10

C.1:100   D.1:200

5. 客房工作车的物品摆放需要按照区域划分，一般第一层放置（　　）。

A.客用品   B.被套、被芯

C.五巾   D.以上均可

6. 客房工作车上的布件不宜塞放过多，一般不超过工作车车身（　　）。

A.10厘米   B.20厘米

C.30厘米   D.40厘米

7. 清洁杯具时需要将杯子放在消毒池内浸泡（　　）。

A.10分钟   B.20分钟

C.30分钟   D.60分钟

8. 在进行遗留物品保管时，一般食品类保管（　　）。

A.3天   B.7天

C.2周   D.半个月

9. 在进行遗留物品保管时，贵重物品保管（　　　）。

    A.1个月　　　　　　　　　　　　B.3个月

    C.半年　　　　　　　　　　　　　D.1年

10. 在使用吸尘器时，注意不能将下列物质吸入（　　　）。

    A.水　　　　　　　　　　　　　　B.潮湿物

    C.铁钉　　　　　　　　　　　　　D.以上都是

专题五　客房管理制度及标准

案例导入

2017年11月的一天下午，某酒店楼层内突然浓烟滚滚，工作人员立即展开盘查，赶往事发楼层，到达现场后发现现场可见度非常低，温度很高，能确定已经发生了火灾。遂在就近的房间内取了防毒面具，在就近的消防栓取了灭火器。训练有素的工作人员在十分钟内就将火灾扑灭。经查询，火灾原因是楼层内的垃圾桶太满，客人烟头掉落在地毯上，点燃了地毯，导致了火灾。该案例给您什么启示呢？

学习目标

1. 掌握客房消防安全管理制度及标准等知识点；
2. 掌握客房其他管理制度内容及标准等知识点；
3. 能够在客房业务工作中严格执行客房相关管理制度及标准。

■ 客房管理制度及标准

一、客房消防安全管理制度及标准

（一）客房消防与安全的主要注意条例

（1）在仓库、工作间内贴置"禁烟"牌，并严禁在禁烟区内吸烟。

（2）如遇火情等特殊应急事件，立即停止工作，第一时间通知前台。

（3）在倾倒烟缸/筒时，需确保无未灭烟蒂。

（4）不能将布草放在灯罩上。

（5）发现客人私用大功率电器，需及时劝告和阻止并做好记录和报告。

（6）不能摆弄消防设施。

（7）及时清理走道中的物品，物品不能堵塞消防通道。

（8）正确使用灭火器。

（9）遵守消防要求和程序。

（10）不能违章使用化学药剂，配比浓度不能太高。

（11）不准擅自摆弄电器，有故障及时报修。

（12）不得将房卡交给其他人员，其他部门的员工如要进房须由服务员开门，并由服务员陪同一起进去。

（13）有客人要求开门，必须按照开门操作流程，并与客人解释："为了您和酒店的安全，请到前台办理手续。"

（14）礼貌并及时问询酒店内陌生客人的房号，发现可疑的人或事，要及时报告上级。

（15）及时收好机器，电线不能拖得太长，防止绊脚。

（16）清洁地面时，必须使用"小心地滑"牌，减少潜在的危险。

（17）碎玻璃或客人使用过的剃须刀片或有血迹的布件等单独放开，做特殊处理。

（18）使用清洁剂前，必须充分了解性能；使用喷壶时，喷嘴必须避开脸部。

（19）保养清洁高处时，应做好保护措施，避免摔倒受伤。

（20）若发现房间门半开，应立即查看；如无人，需及时报告客房主管并做反锁处理。

（二）房卡安全管理要点

房卡保管：为保证客房安全，严格的房卡控制措施是必不可少的。

1. 单层通用房卡

单层通用房卡可以开启某一楼层或某一楼层上的某个区域内的所有客房，供客房部员工工作使用。

2. 全通用房卡

全通用房卡可以开启各楼层所有的客房，供客房主管、客房中班服务员、营业经理、总经理助理、总经理使用。

3. 房卡制作时间限制与发放数量

一般单层通用房卡制作的有效时间控制在 6 个月，每 6 个月失效一次并重新制卡。全通用房卡制作的有效时间控制在 3 个月，每 3 个月失效一次并重新制卡。单层通用房卡，根据楼层数，每个楼层制作一把；全通用房卡一般门店制作 4 把，分别供客房主管（营业经理）、中班服务员、总经理助理、总经理使用，并且对制作的房卡进行编号，责任到人。

（三）消防安全工作

1. 发现安全隐患或发生安全事故

发现安全隐患或发生安全事故时，必须沉着冷静，及时向上级报告，根据指令操作。

2. 酒店应做好消防安全的预防措施

（1）客房内安装烟感报警器。

（2）客房走道上应安装报警及灭火装置。

（3）配合有关单位定期检查防火、灭火设备及用具，提出维修保养及更换的要求。

（4）制订火灾时的紧急疏散计划，包括如何引导客人疏散，保护重要财产等。

3. 防火工作

（1）火灾对一座现代化的酒店来说是致命的灾害，高层建筑一旦失火将无可挽救，必然会造成不可估量的人、财、物损失，因此酒店的防火工作，应用完整健全的措施，每位员工应掌握一定的防火救火常识。

（2）客房火灾事故原因：客人醉酒，躺在床头吸烟，点燃床单；客房电路板发生短路，引起火灾；客人带了酒精、汽油等易燃物品进房，抽烟时不小心引燃，引起火灾。

（3）对策：发现床单引燃，应立即取水浇灭，注意开关房门时切勿太用力，以防产生空气对流引起轰燃；对电器火灾，应先切断电源，再使用灭火器；对易燃酒精、油类引起的大火，应用消防水龙头或灭火器灭火。

（4）为做好防火工作，应注意以下几点。

①有关人员要坚守岗位，不串岗、不睡觉、勤巡逻。注意观察，对饮酒过量的客人要特别注意。

②查房时，注意客人使用的电器（如电吹风）有无拔出插座，电源开关是否未关，并辅助切断电源。

③认真检查设施运转状况，发现问题，及时报告或处理。

④火灾形成时：小火灾要自己扑救，大火灾要及时报警，要保持沉着冷静，一方面扑救，一方面通知楼层客人，并组织带领客人从安全通道逃生。

4. 火灾常识

（1）起火时，空气中产生大量有毒气体，容易使人晕眩昏迷，失去自救能力，在火灾现场应尽量匍匐前进，用湿毛巾捂住口鼻，可避免吸入有毒气体。

（2）对起火的房间应尽量减少室内空气对流，避免火势加大并蔓延。

（3）火警电话为119。

（四）紧急事故疏散、撤离

1. 报警

电话通知总机，报告火灾地点、燃烧物质、火势大小、有无伤亡及自己的姓名。如火警发生在所管辖的区域内，立即敲碎报警器玻璃报警。具体按照消防处理程序执行。

2. 疏散

敲开所有住客房房门，组织引导客人疏散。疏散时必须走两边消防通道，届时所有电梯自动降到一楼，不得启动。进入疏散通道后，须顺楼梯下行，尽快疏散到楼外指定地点。

如火情发生在客房时，服务员要用手触摸房门，判断火势的大小，千万不要直接打开房门，防止火势蔓延（如火警不发生在所管辖的区域内，服务员要坚守岗位，等待通知）。

（五）客房安全注意事项

1. 巡视走道

客房部管理人员，服务人员以及保安人员加强对客房走道的巡视，此举是保证客房安全的一个有力措施。

2. 巡视内容

（1）楼层是否有闲杂人员（发现可疑人物及时上报）。

（2）是否有烟火隐患、消防器材是否正常。

（3）门、窗是否已上锁或损坏。

（4）房内是否有异常声响及其他情况。

（5）设备、设施是否损坏。

3. 安全意识

（1）房内安全：客房是客人暂居的主要场所，客人财物的存放处，所以客房内的安全至关重要。客房部应从设备的配备及工作程序的设计，这两方面来保证客人在客房内的人身及财物安全。

（2）员工的自我防护：客房服务人员大多数都是女性，在工作中还要有自我防护意识，对客人既要彬彬有礼，热情主动，也要保持一定距离。客人召唤入房时，要将房门打开，对客人关门要保持警惕，客人邀请时不要坐下，更不要坐在床上。尽量找借口拒绝客人邀请外出。不要轻信和陶醉在客人的花言巧语而失去警戒意识。

二、客房其他管理工作制度及标准

（一）客房紧急事故的处理

1. 住客伤病处理

任何员工在任何场合发现有伤病的客人应立即报告上级领导，尤其是客房部的服务员及管理人员在工作中，应随时注意是否有伤病客人，如果发现后，应与医治处联系。

2. 醉酒住客的处理

醉酒客人的破坏性较大，轻则行为失态，大吵大闹，随地呕吐，重则危及生命及客房设备与家具，或酿成更大的事故。客房服务员遇上醉客时，应保持理智、机警，应根据醉酒客人不同的种类及特征，分别处理。

3. 停电、停水事故的处理

停电、停水事故可能是外部供电、水系统引起的，也可能是酒店本身设备损坏造成的，及时联系相关部门，同时要做好客人解释、安抚及安全工作。

4. 客人死亡的处理

如发现客人在客房内死亡，应立即通知经理、保安人员来现场，将现场加以保护，由总经理报案，由警方专业人士来调查及验尸，并诊断死因；如客人属自然死亡，经公安部门出具证明，由酒店向死者家属发出通知，并进行后续处理；如警方诊断为非正常死亡，则应配合警方深入调查死因。其他工作人员应做好现场的保护及保密工作。

5. 事故处理程序

如果有客人在酒店发生了事故，请遵照以下程序：

（1）保持礼貌，不要粗鲁。

（2）如果伤势轻微，应尽量进行紧急救护；如需进一步救护，立即乘出租车送客人去最近的诊所或医院就诊。

（3）如果伤势严重，立即召唤救护车，送伤者去最近医院急诊。

（4）切勿谈论事故的原因，不要在该问题上发表个人意见。

（5）尽快解决酒店出现的问题。

（6）如有需要，打电话与相关调解机构联系。

（7）如果客人住院，要在有现场证人的情况下，逐项地说明客人留在现场的物品；如亲属索要这些物品，则应要求其在物品清单上签字，作为这些物品已归还的收据。

（8）对事故起因及客人状况，必要时可以在事发现场拍照以便留做依据。

（9）收集所有相关信息，写出该次事故的报告与防止事故再次发生的措施。

（二）停电应急处理（及时掌握所在区停电计划，做好应急准备）

1. 停电发生（保持冷静，坚守岗位）

（1）电话通知服务中心。

（2）服务中心应迅速向工程部询问停电原因和恢复时间。

（3）各楼层服务员必须坚守岗位，若因故不在对应楼层，也应设法走上楼层。

（4）与服务中心保持联系。

2. 回答客人询问（耐心，不要紧张）

向客人致歉，并解释此事正在调查，我们将保持与客人的联系。

3. 采取措施（保持冷静）

（1）各楼层服务员应手拿电筒在走廊上，以便指导急于赶车的客人从楼梯下去。

（2）如停电时间很长，接服务中心通知后，应在客人房内放置照明设备（应急灯）。

（3）在走廊上巡视，解答、提供帮助。

（4）检查角房长明灯和走道的长明灯是否亮，若不亮，须立即通知万能工换灯泡。

4. 停电恢复后（无遗漏）

及时做好停电期间未完成事项。

（三）停水如何处理

1. 停水前

将停水通知放入客房写字桌台面明显处。如果客人在房间，放通知的同时与客人解释。

2. 停水后

（1）撤通知单。

（2）检查是否有因客人忘记而未关掉的水龙头，以防漫水。

（3）检查空房，打开水龙头，放掉积水、浑水。

考核指南

基础知识部分：
1. 客房消防安全管理制度及标准等知识点；
2. 客房其他管理制度内容及标准等知识点。
实践操作部分：
1. 根据客房消防安全管理制度及标准处理客房部门工作事宜；
2. 根据客房其他管理制度及标准处理客房部门工作事宜。

习题

1. 一般单层房卡制作的有效时间控制在（　　　）。
   A.1个月　　　　　　　　　　　　　B.2个月
   C.3个月　　　　　　　　　　　　　D.6个月
2. 全通用房卡制作的有效时间控制在（　　　）。
   A.1个月　　　　　　　　　　　　　B.2个月
   C.3个月　　　　　　　　　　　　　D.6个月
3. 全通用房卡一般门店制作（　　　）把。
   A.1　　　　　　　　　　　　　　　B.2
   C.3　　　　　　　　　　　　　　　D.4
4. 火警电话为（　　　）。
   A.110　　　　　　　　　　　　　　B.120
   C.119　　　　　　　　　　　　　　D.199
5. 在火灾现场逃离时，应（　　　）前进。
   A.快速　　　　　　　　　　　　　　B.匍匐
   C.下蹲　　　　　　　　　　　　　　D.跳跃
6. 对易燃酒精、油类引起的大火，应用（　　　）灭火。
   A.消防水龙头　　　　　　　　　　　B.自来水
   C.直接报警　　　　　　　　　　　　D.以上都可
7. 小火灾发生时，应（　　　）。
   A.自行灭火　　　　　　　　　　　　B.及时报警
   C.动员全部员工　　　　　　　　　　D.组织部门扑火
8. 在火灾现场逃离时，用（　　　）捂住口鼻防止有毒气体吸入。
   A.毛巾　　　　　　　　　　　　　　B.床单
   C.湿毛巾　　　　　　　　　　　　　D.口罩

9. 客房走廊的清洁标准为：每天全面清洁（　　　）次。

  A.1   B.2

  C.3   D.4

10. 当客房发生火情时，服务员要用手触摸房门，目的是（　　　）。

  A.判断火势大小   B.敲门提醒客人

  C.想办法打开房门   D.以上都是

专题六　客房运营管理案例分析

案例导入

某天早上，618房间客人在出去办事前，与前台说："房内空调不太好（不制热），请在我回来之前修好。"前台立即报给万能工维修，晚上客人回来后，又打电话到前台报修空调，并表示非常生气。经查，原来前台报修后并未跟踪维修结果，也未另做交班告知下一班次同事。万能工维修后，也未做系统检测确保效果。

学习目标

■ 客房运营管理典型案例分析

1. 掌握客房服务过程中相关案例情境的处理方式和方法；
2. 能够合理处理客房服务过程中相关案例情境问题。

一、客人不在房间内而房中电话响，应如何处理？

服务员此时不宜接听电话，原因是：

（1）客人租下这房间，房间使用权归客人；

（2）维护客人的隐私权，避免误会。

二、打扫时客人回来了，该如何处理？

（1）请客人出示随身携带的房卡："您好！先生/小姐，为了住客的安全，请您出示一下房卡。"

（2）使用客人的房卡开门。

（3）客人随身携带的房卡可以打开，则向客人致歉：

"对不起先生/小姐，给您添麻烦了，我现在可以继续打扫房间吗？……房卡帮您插在取电开关里好吗？"

解析：服务员打扫房间，门是开着的，任何人都可以进入，必须确认客人的身份。

（1）客人没有随身携带的房卡，先问客人姓名："您好！先生/小姐，能否告诉我您的全名？"

（2）客人报出名字，请客人出示房卡或有效证件，打电话到服务中心核对。

（3）核对准确，则向客人致歉："对不起，先生/小姐，给您添麻烦了，我现在可以继续打扫房间吗？"

（4）核对不准确，则请客人出门："对不起，先生/小姐，请您先到服务中心办理入房手续好吗？"

解析： 客人没有随身携带的房卡，您不能确定进来的就是住店客人，为客人的财产安全考虑，必须确认客人的身份。

三、处理意外损坏客人物品的事故

（一）向上级汇报
如在工作中将客人物品损坏，应立即报告领班。领班应及时将事故的经过，详细报告营业经理。经理接到报告后，应立即向总经理汇报，并与客人取得联系。未经经理允许，不得随意给客人留言。

（二）损坏物处理
将损坏残物，整理后放置在明显位置并摆放整齐，不可擅自丢弃。

（三）解决问题
应尽快指定专人上街购买相同物品。与客人取得联系，向客人道歉，并向客人解释事故的经过，并征询客人意见。处理事故。房内增加水果、一张店经理名片，以表歉意。

四、按正常程序敲门入房服务，发现客人刚好从床上起来，应如何处理？

服务要点提示：
（1）向客人道歉。
（2）马上退出房间。
（3）注意：不要喋喋不休地向客人说明入房原因，以免造成客人的不便。

五、如遇到闲杂人员在楼层走廊徘徊，应如何处理？

服务要点提示：
（1）客房服务员主动上前询问客人是否需要帮助。
（2）如果是乱闯楼层的访客，要阻止其在楼层逗留。
（3）如有疑点，应及时通知经理或保安处理。

六、客人称房卡遗忘在房内，要求客房服务员为其开门，应如何处理？

服务要点提示：
（1）请客人出示身份证，与总台核对房号、姓名，无误后，可以给客人开门，并及时做好记录。
（2）如客人未带，请客人到总台核对身份或让客人电话联系总台。

（3）总台核对身份无误后，通知客房为客人开门，并做好记录。

（4）如果是十分熟悉的客人，并能确认其房号可以给其开门，但要做好记录。

七、当新客人已到，而房间尚未清理好，应如何处理？

服务要点提示：

（1）向客人表示歉意，礼貌地向客人做解释。

（2）向客人表示立即将房间整理好。

（3）帮客人先将行李放在行李房，然后请客人到大堂稍作休息。

（4）房间整理好，立即通知前台。

八、客人需要打扫但房门上亮"请勿打扰"指示灯时，应如何处理？

服务要点提示：

（1）不能直接开门。

（2）打电话征求客人意见，询问此时是否可以打扫。

（3）征得客人同意后再敲门，等客人开门后再入房为其服务。

（4）为客人服务后，应向客人表示歉意。

考核指南

基础知识部分：

客房服务常见问题处理流程及要点。

实践操作部分：

根据客房服务常见问题处理流程及要点，开展客房服务案例情境的处理工作。

习题

1. 客人不在房间而房间电话响起，应（　　　）。

　　A.及时接听电话　　　　　　　　　　B.将电话转接给服务中心

　　C.不接电话　　　　　　　　　　　　D.以上都可

2. 打扫时客人回来了，服务员应（　　　）。

　　A.请客人出示房卡　　　　　　　　　B.替客人开门

　　C.将客人请进门，继续打扫　　　　　D.以上均可

3. 打扫时客人回来了，但没有带任何物品，服务员应（　　　）。

　　A.请客人出示房卡　　　　　　　　　B.打电话到服务中心进行确认

　　C.将客人请进门，继续打扫　　　　　D.以上均可

4.处理意外损坏客人物品的事故时，服务员应（　　　）。

    A.向上级汇报　　　　　　　　　　　　B.与客人取得联系

    C.购买物品赔偿给客人　　　　　　　　D.以上都是

5.按正常程序敲门入房服务时，发现客人刚好从床上起来，服务员应（　　　）。

    A.向客人道歉　　　　　　　　　　　　B.马上退出房间

    C.不可喋喋不休地解释　　　　　　　　D.以上均是

6.如遇到闲杂人员在楼层走廊徘徊，服务员应（　　　）。

    A.主动上前询问客人是否需要帮助

    B.如是乱闯楼层的访客，要阻止其在楼层逗留

    C.如有疑点，应及时通知经理或保安处理

    D.以上均是

7.客人称房卡遗忘在房内，要求客房服务员为其开门，服务员应（　　　）。

    A.请客人出示身份证　　　　　　　　　B.与总台核对房号、姓名

    C.请客人到总台核对身份　　　　　　　D.以上均是

8.当新客人已到，而房间尚未清理好，应（　　　）。

    A.向客人道歉

    B.向客人表示立即将房间整理好

    C.帮客人将行李放置行李房，请客人先到大堂休息

    D.以上均是

9.客人需要打扫，但房门上亮着"请勿打扰"指示灯，应（　　　）。

    A.打电话征求客人意见，询问此时是否可以打扫

    B.征得客人同意后再敲门，等客人开门后再入房进行打扫

    C.为客人服务后，向客人表示歉意

    D.以上均是

10.当房间内发现有客人遗留物品时，应（　　　）。

    A.将物品转交给前台部门

    B.打电话到服务中心，询问客人情况

    C.将客人遗留物品放到工作间

    D.将客人遗留物品放到工作车上

第三节　人力资源管理

案例导入

某酒店以设计文创为主题，对设计感有较高要求，筹建过程中多次更改设计图纸，导致施工进度延后，原本预计8月份开业，后来延后到次年2月初。酒店总经理在10月份即提出提前按照满员的编制人数招募工作人员，开展入职培训、技能培训、酒店开荒等工作。投资董事认为酒店2月开业，新酒店出租率提升需要爬坡期，前期工作人员需求量小，提前1个月开始招聘培训即可。最后该酒店在开业前一共只招募到5名员工，其中有2名员工中途离职，开业时因业务技能不熟练，工作效率低，招来了大量投诉。管理人员事后分析：临近春节，应试人员考虑返乡过节，同时也考虑拿上家单位的年终奖金，招聘难度加大，也没有考虑人员流失的情况，简单地认为招募多少就会留下多少人，新员工培训完成后需要一段时间熟练工作流程，也未考虑到春节出行旅客量暴涨的因素。

学习目标

1. 掌握商务连锁酒店人员招聘流程及要点；
2. 掌握商务连锁酒店培训体系建设内容及要点；
3. 掌握商务连锁酒店人员编制与薪酬管理内容及要点；
4. 掌握商务连锁酒店员工关系管理原则与要点；
5. 能够根据商务连锁酒店人员招聘流程及要点，开展人员招聘工作；
6. 能够根据商务连锁酒店培训体系建设内容及要点，开展培训管理工作；
7. 能够根据商务连锁酒店人员编制与薪酬管理内容及要点，开展人员编制及薪酬管理工作；
8. 能够根据商务连锁酒店员工关系管理原则及要点，开展员工关系管理工作。

一、人员招聘

众所周知，酒店是人力资源较为密集的行业，一家酒店需要顺利运营，人力资源管理是关键。

商务连锁酒店企业人员招聘和传统的单体综合型星级酒店的人员招聘还是存在一定的差异性：传统的单体综合型星级酒店，人员需求量较大，可以通过校企合作、就业市场的社会招聘等渠道来达成，一次性入职人员在几十余人；而商务连锁酒店门店

人员编制根据酒店房量和服务项目一般控制在15~20人，不超过25人，所以，在人员招聘的数量上与传统的单体综合型星级酒店的数量差异还是比较大的。

商务连锁酒店的人员招聘，主要通过两个渠道来达成：

一是通过总部来进行社会招聘。总部的人员招聘包括管理人员的招聘，例如门店店长、店长助理以及值班经理等管理层级别的招聘工作。因为一旦招聘进入公司，这些管理人员需要进行上岗前的培训，而这类管理人员的培训需要借助总部人资部门进行开展和落实。而总部通过社会招聘方式进行人员招聘的计划，主要以门店拓展速度及管理人员需求为标准。

总部的人员招聘渠道还包括内部竞聘。总部人力资源管理部门通过在公司内部进行岗位竞聘，从而选拔优秀员工进行岗位调拨及晋升，将这一部分人员配置到新开的门店或是有需求的公司管理岗位。一般商务连锁酒店公司的总部会每年定期进行3~4次内部竞聘，包括店长、店长助理、值班经理等管理岗位，一方面满足公司门店拓展的速度，另一方面也是激发员工积极性的有效措施。

二是通过门店来进行招聘。招聘工作主要负责人是门店店长，店长主要负责门店基层员工的招聘。由于连锁门店分布范围较广，每个地方的劳动力水平、薪资水平以及人员的素质都不均等，所以使得当地的劳动力资源及成本也不一致，由当地门店店长来解决人员招聘，更加具有一定的实际性。

这样，由总部人力资源部门的招聘和门店店长的招聘共同形成商务连锁酒店的人员招聘工作，既有统一的规范和标准，又有根据实际情况从而形成的个性化招聘需求，既相互联系，又各自独立，形成了商务连锁酒店科学、合理而务实的人力资源招聘工作。

二、培训体系建设

培训体系建设对商务连锁酒店集团的发展至关重要，也是总部人力资源部门的重要职责。

商务连锁酒店的发展非常迅速，快速的发展使得企业人员的需求比较大，进而使得人员的培训工作也成为关键环节。通过总部人力资源部门对入职员工标准化的培训，才能形成标准化的人员体系，并将培训合格的管理人员派遣到各个门店承担管理工作，从而达到门店管理的标准化和科学性。培训工作是否到位，培训效果是否有效，直接影响到门店管理是否到位和具有成效，所以商务连锁酒店的培训体系建设是核心职责。

另一方面，通过门店的自主培训，开展对门店基层岗位人员的培训工作。由于酒店行业总体的员工流动率较高，而商务连锁酒店门店基层员工的编制相对有所限制，所以一旦门店基层员工离职，务必需要在最短的时间内，进行招聘及培训。对于流失率较高或者岗位调整较为频繁的门店，让新员工以最快的速度成为熟练工，熟悉岗位职责及工作流程标准以及企业相关制度、规范、标准和要求，这与门店的培训质量及效果息息相关。

通过总部人力资源部门的统筹培训及各门店基层管理的培训工作，从而形成了商务连锁酒店企业的人员培训体系，当然除此以外，企业也会另设一些在标准化培训课程之外的培训项目，例如：高级管理人员素质提升培训项目、基层员工转岗培训项目等，也会由公司总部人力资源部门进行策划和实施。

三、编制与薪酬（劳资管理）

连锁酒店的劳资管理工作，在总部由人力资源部门来统筹协调，在各门店由门店店长来执行。劳资管理，即如何进行员工的工资造册及薪资发放。

连锁酒店的薪资主要由两个方面组成。

管理岗位的薪资由基本工资和绩效工资所构成。基本工资，是一块独立的薪资，不与工作完成情况、工作质量、业绩考核相挂钩，是用来满足员工的基本生活需要保障的薪资；绩效工资，和酒店经营预算、工作质量、业绩考核直接挂钩。绩效工资对于管理人员来说，是非常重要的一项考核指标和结果指向。一个连锁酒店的绩效工资体系设置的科学与否，直接关系到是否能够充分激发企业管理人员的积极性，关系到是否能够促使门店店长等管理人员在具体的管理工作中挖掘潜力、降低成本，真正地提升门店的运营能力。

绩效工资可以分为按照月度、季度或年度时间段进行考核。如果一家门店店长能够在考核时间内完成相应的绩效指标，该店长的绩效工资的系数就可以按照"1"的系数来兑现，如果该店长的业绩指标超出了既定的标准，那也可以获得超过"1"的系数来加以兑现。所以绩效工资的设定对于连锁酒店企业的整体运营水平的提升至关重要，直接影响到企业整体的业绩水平。

对于基层岗位人员来讲，其薪资也主要是由基本工资和绩效工资两部分组成，但绩效工资所占的比例并不大，如基层客房清扫员的绩效工资主要采用计件工资的方式来体现。

四、员工关系

商务连锁酒店企业的员工关系，即企业所有工作人员的后勤保障。主要包括：工作人员的住宿、就餐、福利以及各项活动组织等。

在商务连锁酒店的经营管理过程中，员工关系建设也是非常重要的模块，对员工的工作状态、工作积极性、投入程度等起到重要促进作用，所以员工关系管理也是人力资源部门一项重要的工作。

如果能够给予员工较为温暖、舒适、安稳及归属感强烈的企业文化及福利待遇，将会为商务连锁酒店的运营管理锦上添花。

考核指南

基础知识部分：

1.商务连锁酒店人员招聘流程及要点；

2.商务连锁酒店培训体系建设内容及要点；

3.商务连锁酒店人员编制与薪酬管理内容及要点；

4.商务连锁酒店员工关系管理原则与要点。

实践操作部分：

1.根据人员招聘流程及要点，开展商务连锁酒店人员招聘工作；

2.根据培训体系建设内容及要点，开展培训体系建设工作；

3.根据人员编制与薪酬管理内容及要点，开展劳资管理工作；

4.根据员工关系管理原则与要点，开展员工关系管理工作。

习题

1.商务连锁酒店门店的人员编制一般控制在（　　　）人。

   A.5~8　　　　　　　　　　　　　B.9~12

   C.15~20　　　　　　　　　　　　D.21~30

2.总部人员招聘包括管理人员招聘，其中不包括（　　　）。

   A.门店店长　　　　　　　　　　B.店长助理

   C.值班经理　　　　　　　　　　D.前台班组组长

3.商务连锁酒店门店管理人员的培训通过（　　　）来开展和落实。

   A.门店业主　　　　　　　　　　B.门店店长

   C.总部办公室　　　　　　　　　D.总部人力资源部门

4.商务连锁酒店集团总部每年会定期开展（　　　）内部竞聘。

   A.1~2次　　　　　　　　　　　B.3~4次

   C.5~6次　　　　　　　　　　　D.7~8次

5.门店招聘工作的主要负责人是（　　　）。

   A.门店业主　　　　　　　　　　B.门店店长

   C.总部办公室　　　　　　　　　D.总部人力资源部门

6.商务连锁酒店的劳资工作在总部由（　　　）部门进行协调。

   A.办公室　　　　　　　　　　　B.人力资源部

   C.培训部　　　　　　　　　　　D.后勤保障部

7.商务连锁酒店的劳资工作在门店由（　　　）进行统筹。

   A.店长　　　　　　　　　　　　B.店长助理

   C.值班经理　　　　　　　　　　D.业主方

8. 如果一家门店店长可以在考核时间内完成相应的绩效指标，该店长绩效工资的系数为（　　）。

  A.1　　　　　　　　　　　　　B.1.2

  C.1.5　　　　　　　　　　　　D.0.5

9. 如果一家门店店长没有在考核时间内完成相应的绩效指标，该店长绩效工资的系数可能为（　　）。

  A.1　　　　　　　　　　　　　B.0.8

  C.1.2　　　　　　　　　　　　D.1.5

10. 商务连锁酒店的员工关系，包括如下几项内容，除（　　）以外。

  A.住宿　　　　　　　　　　　　B.就餐

  C.福利　　　　　　　　　　　　D.晋升

第四节 营销运营管理

案例导入

某酒店地理位置非常优越，坐落在繁华的商圈内，但是自从5月份开业后生意一直没有提升，3个月来出租率一直徘徊在60%左右。结合周边商户林立，酒店众多等情况，该酒店总经理认真调查了周边酒店的特点和房价，有针对性地对自身酒店不同房型房价做了调整，价格上体现了差异化和性价比，并且发动全体员工，一周2次到周边异业商户做扫楼陌拜，与有需求的商户签订了优惠用房协议。经过一个月的努力，酒店在第四个月出租率提升到了85%，在第五个月初提升到了98%，获得了喜人的成绩。

学习目标

1. 掌握商务连锁酒店开办实务流程及要点；
2. 掌握商务连锁酒店开业验收流程及要点；
3. 掌握商务连锁酒店开业营销及营销策划运营流程及要点；
4. 能够进行酒店开办实务工作；
5. 能够进行酒店开业验收工作；
6. 能够进行酒店开业营销及营销策划运营工作。

一、酒店开办实务

酒店筹建期间的人员到位：酒店临近筹建结束之前（一般酒店的筹建期为3~4个月），在酒店正式开业之前，还需要着手一系列的事务工作，例如酒店开办实务，其中包括人员招聘工作，当然一家门店的店长通常在酒店筹建开始就已经招募完毕，并且在酒店筹建过程中开始参与相关具体事务，这样就可以熟悉酒店筹建的整体过程及隐蔽工程建设等细节，这些将对其后续的内部管理有很大的帮助。

店长助理及值班经理通常会在酒店开业前一个月内进行框定。这部分人员将配合店长完成前期的一些筹建工作，包括物品采购、证照办理、验收、培训、筹划等工作。这些筹建细节工作都需要店长带着骨干人员共同去完成。

在酒店正式开业前半个月，前台班组、客房班组等基层工作人员需要一一加以落实到位，并且进行岗前培训，具体包括应知应会、基础业务、操作水平等项目进行统一的标准化培训和考核，考核通过后正式上岗。

二、酒店开业验收

酒店筹建结束后的装修验收：可以通过第三方（外请的酒店审计公司），对整个酒店的装修工程予以工程审计决算。通过第三方的审计，对施工方的造价结算进行决议。

通过第三方对酒店施工质量、施工过程进行监管，对装修结果进行整体评估，对于不符合要求或者不到位的项目细节，让施工方予以及时更正。

提请消防部门进行最终的验收申报，由消防单位来进行相应的检查审核。

在上述验收通过以后，可以继续开展两个方面的工作。

（一）对内工作

对内工作，即酒店开荒工作。酒店筹建结束后，会有较多零星的工作补充及卫生清洁大清扫工作，这些工作需要由门店管理人员带领基层员工共同来完成这些"开荒工作"，包括内部五常整理、客用品及清洁设备采购和开业物资采购等工作。

（二）对外工作

对外工作，主要由门店店长牵头处理。例如：相关证照的办理，尤其是消防合格证照的办理，因为它是最为核心的证照，也是酒店开业的前提；其次，办理好消防合格证照后，需要进一步到卫生部门申请卫生防疫合格证的验收，卫生防疫部门验收通过后，会颁发相应的证照；酒店也需要到当地的治安派出所进行安全验收申请，从而获取特种行业许可证证照。

原则上，酒店拥有了消防许可证、卫生许可证、特种行业许可证3个证照，该酒店就可以凭这些证照到工商管理局取得工商营业执照。

该工商营业执照与之前酒店管理公司所批示下来的工商营业执照不同，在原来的工商营业执照中，所注册的酒店管理公司，其经营范围不包含住宿和餐饮经营模块，并不具有实体运营的资质和条件，当酒店整体装修结束即将正式开业，必须到工商管理部门将原来的工商营业执照中的经营范围扩大，将住宿和餐饮经营资质包括进去。当工商营业执照更新完毕后，酒店才真正地拥有了开业的权利，才能着手一些营业前的营销工作。

三、酒店开业营销

在酒店开业之前，门店店长会提前制订一套开业前的营销方案，包括该酒店整体对外介绍宣传资料、开业促销票据、优惠券等相关材料的设计。

等这些设计筹划工作完成后，需要通过合适的渠道将这些宣传促销信息进行推广，在此过程中，店长会采用多方的渠道及营销工具，整合起来进行开业前的营销工作。

具体包括如下方面。

（一）酒店PMS系统上线

当取得工商营业执照以后，酒店的PMS系统就需要上线了（见图3.69），即酒店的前台管理系统，这一系统与酒店总部端的酒店管理系统相对接，一旦完成上线之后，总部端就可以通过固有的宣传推广途径，将这家酒店进行推介，也可以使所有的消费者或

潜在消费者通过公司总部的PMS系统总部预订端（CIS预订端），将酒店产品进行线上销售。

图3.69　酒店PMS系统上线

（二）第三方渠道的销售

第三方渠道，即OTA渠道（Online Tourism Agency）进行销售。例如携程、艺龙、去哪儿、美团等第三方渠道（见图3.70）。

第三方渠道拥有整合大量酒店资源的优势，并进行统一的网络预订和销售，所以采用第三方渠道拓宽销售，是目前较为普遍的一种模式。在这项工作中，需要将酒店的宣传图片及文字材料、报价等资料提供给第三方公司来进行宣传推介。

图3.70　第三方渠道的销售

（三）线下销售工作

以上两项均是线上销售，线下销售渠道主要是通过协议单位和散客两大客源来开展销售工作。

协议单位的销售量获取，是酒店销售的一大渠道。当然，在酒店总部端具备大量的客户端信息，这些信息是可以用来分享的，但单靠这些信息是不够的，需要门店店长带领门店的工作人员开展一系列的营销推介工作。可通过到酒店附近周边的企业、学校等单位洽谈，与他们签订酒店订房协议，给予他们相应的优惠价格，从而达成一定的协议条款。当这些协议单位数量逐渐扩大时，这些销售量将成为门店较为稳定、忠诚度高的销售来源。

另一部分的线下推广需要通过"扫街"的模式来进行（见图3.71）。酒店需要印发一些酒店宣传单页，在酒店周边区域进行发放，从而来获取一定的客源。在宣传单发放过程中，会随带发送相关的优惠券，一方面是进行开业前的宣传，另一方面则是进行酒店产品的销售。

图 3.71　线下"扫街"推广

不管是线上渠道还是线下渠道，这些营销推广措施都是酒店门店的常规工作，而在此营销环节中，网络渠道的销售占据的比例逐渐增大，可通过微信、微博以及自媒体的方式来进行宣传推介。

以上均是酒店在开业前需要进行的工作，也是较为常规的工作，当然其中也会涉及一些较为特殊、具有创意的宣传活动，在此暂不赘述，在后续的环节中将进行实例分析。

四、营销策划运营

酒店在完成开业工作后，当它的宣传推介工作达到一定程度，酒店内部的运营管理就显得尤为重要，包括内部接待、内部管控。

此时，营销推广工作所占据的比例将会有所下降，但常规的营销工作仍需要贯穿在门店日常管理工作中，需要和总部的营销工作协调进行。总部的营销部门会通过总部端的宣传口径进行总体的宣传推介，通过总部端的官网、微网站以及企业杂志等渠道，将酒店产品进行定期的宣传推介。

当然，门店也可以通过自行营销渠道进行营销策划运营。可通过增加协议单位数量、增加会员数量等方式进行，在此过程中，需要门店店长、店助、值班经理及门店人员共同协力来进行宣传推介。只有将门店的客源蛋糕越做越大，才能更好地来运营该家门店。

作为一家商务连锁酒店，总部的营销管控起到至关重要的作用，它为下属单体门店营销工作的开展，起到支持、辅助的作用。

总部端在销售过程中，会形成整体的形象宣传和推广，会发布会员发展的政策、阶段性促销活动方案等，都会在一定程度上，减轻单体门店的销售压力，并起到引导和辅助的作用。

当总部端在销售推介中获得较好的口碑和品牌时，就会为门店客源的导入产生事半功倍的效果。当然在门店进行自行销售推介的过程中，必须遵守公司总部的营销决策和规定，即公司总部出营销方案和政策，门店进行营销方案执行，这是商务连锁酒店在营销推广工作中必须要遵循的一项制度。

五、营销运营管理案例分析

新开酒店的营销工作，根据酒店筹建的不同阶段，又有不同阶段的营销工作任务。

（一）酒店开业前40~60天的营销推广工作

在酒店开业前40天~60天的时间段，主要需要完成的工作包括以下几个方面：

首先，是整个酒店的VI设计应用；其次，是这家酒店周边的市场调研工作的具体落实和深化；再次，是这家酒店具体合作商户的信息收集；最后，是这家酒店的微信服务号的开发和营销推广。

接下来，我们具体了解一下这些工作内容是如何开展的：

（1）第一，酒店的VI（Vision Identity，视觉识别）设计与应用，主要是根据酒店的VI手册来进行导入。酒店的VI手册里面，具体涉及的内容包括酒店内部导视、前台的表单、票券的设计，以及酒店对外展示需要的折页、海报等宣传资料的各种设计及具体应用。

（2）第二，酒店周边的市场调研工作，主要包括酒店的定价、酒店的介绍以及酒店周边信息的收集和汇总，如果这家酒店需要进行对外售卖，酒店房型房号的确定也是至关重要的。

（3）第三，关于合作商户的信息收集，主要是酒店管理方需要去采集周边异业的相关信息，这些异业是与该酒店运营过程中吃、住、行、游、购、娱等方面的相关信息；同时需要拜访一下该酒店周边商圈重点协议单位和商户；除了重点协议单位之外，还需要了解该酒店周边的竞争对手的信息。这些竞争酒店经营方面的特色及优势等信息均需要采集。

（4）第四，主要涉及微信公众号的开发。酒店微信服务号的开发，是目前互联网普及背景之下，酒店服务行业的重要营销宣传工具和手段。微信服务号的开发，有利于进行酒店相应信息的推广，微网站的宣传和推广，是酒店在开业前40~60天时间段内必须要认真落实的事情。连锁门店由公司总部微信服务号开展宣传推广。

（二）酒店开业前20天的营销推广工作

酒店开业营销工作的第二阶段，主要是指酒店开业前的20天左右时间。主要包括4个方面：

（1）促销方面的工作执行。

（2）品牌推广方面的工作执行。

（3）开业营销的具体落地。

（4）相关的宣传准备。

关于酒店促销工作的开展，主要涉及以下4个方面：

（1）酒店客户资料和档案的建立。

（2）酒店协议单位的梳理和汇总。

（3）旅行社等中间渠道商的拜访。

（4）酒店会员政策的制定。

关于酒店品牌推广主要从以下几个方面进行：

（1）寻找关键广告位，例如机场、车站、码头都是酒店广告良好的位置。

（2）选择合适的时间把酒店店招进行上墙，并对外宣传推广。

（3）相关的合作商户，如在前期已经建立好相关信息的合作商户，需要进一步洽谈合作推广的具体细节。

在酒店开业营销的工作方面，以上均是相对重要的营销工作，如何开展"试住"，如何把酒店的微信、微网站进行对外推广预热，同时需要在百度地图上，将酒店的地理位置进行标注，这些工作均是酒店开业营销阶段非常重要的工作，需要进行深入和落地。

在酒店宣传准备工作方面，酒店要做的主要包括两大方面的事情：

（1）酒店相应的实景照片的拍摄。

（2）酒店视频的拍摄。

在准备好酒店的照片和视频这些较为重要的宣传资料后，酒店在下一步进行营销推广工作开展中，就有了非常好的资料保障。

（三）酒店开业前7天的营销推广工作

酒店开业营销的第三个阶段，是在酒店开业前的7天时间，酒店管理方主要从两个方面开展工作。

1. 中间渠道的上线工作

中间渠道的上线工作，是在酒店开业营销前非常重要的一项工作，中间渠道是目前除了酒店自建渠道之外，最重要的促销渠道。目前酒店的OTA渠道，主要包括大众熟悉的"携程""美团""艺龙"等相应的线上渠道。如果酒店要进行OTA渠道的上线，必须要做的准备工作包括：

首先，这家酒店需要取得相应的营业执照。然后，要将前阶段所拍摄的照片进行提供，同时，要跟OTA渠道的供应商进行洽谈，并达成以下几个方面的合作事宜：财务结算、佣金比例、OTA渠道供应商需要提供的营销活动支持。

2. 酒店开业方案的制定

酒店开业前需要进行的第二项工作，即酒店开业方案的制定。在没有取得酒店营业执照之前，酒店只能进行试营业或者内部试用，但一旦取得营业执照，酒店就需要考虑如何进行相应的开业仪式。开业仪式规模大小，需要由酒店业主方、酒店管理方讨论后决定。

（四）酒店开业后的营销推广工作

酒店开业前的三个阶段的营销工作，是酒店在开业前所有营销工作的铺垫，但这

并不意味着酒店营销工作就此结束了。在酒店开业之后，酒店管理方仍需要一如既往地开展酒店营销工作和计划，以及工作任务的具体落地。主要涉及以下几个方面。

1. 酒店开业的优惠价格

主要通过推广酒店的微博、微信渠道进行推广，目的也是用来吸引有意向的消费者来酒店进行"试住消费"。

2. 促销指标的制定

制定促销指标是为了酒店管理方将相应的会员体系进行梳理，对协议价格、协议单位进行制定和开发。

3. 派发相应的体验券，邀请相关人员进行"试住"

体验券的派发，主要是派发到周边的商圈，主要是吸引潜在客户到酒店企业进行体验，起到一定的宣传推广作用。

4. 利用合理的资源，和我们的异业进行资源互换

异业资源互换，主要指与周边的异业的合作资源进行优势互补、互相促进。

考核指南

基础知识部分：

1. 商务连锁酒店开办实务流程及要点；

2. 商务连锁酒店开业验收流程及要点；

3. 商务连锁酒店开业营销及营销策划运营流程及要点。

实践操作部分：

1. 根据商务连锁酒店开办实务流程及要点，开展开办实务工作；

2. 根据商务连锁酒店开业验收流程及要点，开展开业验收工作；

3. 根据商务连锁酒店开业营销及营销策划运营流程及要点，开展开业营销及营销策划运营工作。

习题

1. 一般商务连锁酒店的筹建期为（　　　）。

　　A.1个月　　　　　　　　　　　　B.3个月

　　C.6个月　　　　　　　　　　　　D.1年

2. 门店店长助理或值班经理通常会在门店开业前（　　　）进行框定。

　　A.1个月　　　　　　　　　　　　B.3个月

　　C.6个月　　　　　　　　　　　　D.1年

3. 酒店前期筹建工作包括以下几个环节，除（　　　）以外。

　　A.物品采购　　　　　　　　　　　B.证照办理

　　C.员工培训　　　　　　　　　　　D.营业推广

4. 门店的前台班组和客房班组人员需在酒店开业前（　　）落实到位。

　　A.半个月　　　　　　　　　　　　B.1个月

　　C.3个月　　　　　　　　　　　　D.6个月

5. 酒店开荒工作包括如下环节，除（　　）以外。

　　A.工作补充　　　　　　　　　　　B.卫生清洁大扫除

　　C.物品补充　　　　　　　　　　　D.人员晋升培训

6. 酒店开业前的对外工作中，需要办理如下证照，下列哪项除外？（　　）

　　A.消防合格证照　　　　　　　　　B.卫生防疫验收证

　　C.特种行业许可证　　　　　　　　D.卫生许可证

7. 商务连锁酒店在正式开业前，需要进行一系列的营销准备工作，除（　　）以外。

　　A.酒店PMS系统上线　　　　　　　B.第三方渠道的销售

　　C.线下销售工作　　　　　　　　　D.捆绑式销售

8. 线下销售工作可以通过如下方式来进行，下面哪一项不属于线下销售工作？（　　）

　　A.与酒店周边企业学校等单位进行洽谈

　　B.给予协议者价格优惠措施

　　C.进行宣传品的推广活动

　　D."双11"网络销售活动推广

9. 门店日常的营销推介工作包括以下环节，除（　　）以外。

　　A.增加协议单位数量　　　　　　　B.增加会员数量

　　C.提升优惠力度　　　　　　　　　D.整体形象宣传和推介

10. 商务连锁酒店总部端的营销推广活动包括以下几个环节，除（　　）以外。

　　A.整体形象宣传和推介　　　　　　B.发布会员发展政策

　　C.阶段性促销活动方案　　　　　　D.发放宣传单页

11. 商务连锁酒店开业前40~60天，需要完成如下营销运营工作，除（　　）以外。

　　A.整个酒店的VI设计应用　　　　　B.酒店周边市场调研工作

　　C.具体合作商务信息收集　　　　　D.报纸广告的刊登

12. 酒店的VI手册内容包括如下要素，除（　　）以外。

　　A.内部导视　　　　　　　　　　　B.前台表单、票券设计

　　C.宣传海报　　　　　　　　　　　D.主题活动宣传资料

13. 酒店周边市场调研的内容包括如下几个环节，除（　　）以外。

　　A.酒店定价　　　　　　　　　　　B.酒店介绍

　　C.周边信息　　　　　　　　　　　D.营业推广

14. 酒店开业前20天的营销推广工作包括如下环节，除（　　）以外。

　　A.促销工作　　　　　　　　　　　B.品牌推广

　　C.开业营销　　　　　　　　　　　D.商户推介

15. 酒店开业前20天的促销工作包括如下环节，除（   ）以外。

    A.酒店客户资料和档案建立   B.酒店协议单位梳理和汇总

    C.中间渠道商拜访   D.优惠券的发放

16. 酒店开业前七天的营销推广工作，包括（   ）。

    A.酒店开业方案的制定   B.酒店VI手册的制定

    C.酒店宣传海报的设计   D.中间渠道商的洽谈

17. 开业后酒店仍需进一步将营销工作落地，具体包括如下工作，除（   ）以外。

    A.酒店开业的优惠价格   B.促销指标制定

    C.派发体验券   D.中间渠道商洽谈

18. 酒店的OTA渠道商，包括如下企业，除（   ）以外。

    A.美团   B.大众点评

    C.艺龙   D.拼多多

19. 与酒店的OTA渠道商洽谈，主要内容包括如下，除（   ）以外。

    A.财务结构   B.佣金比例

    C.技术支持   D.人员招聘

20. 酒店微信公众号的开发，主要在（   ）阶段。

    A.开业前40~60天   B.开业前20天

    C.开业前7天   D.开业之后

    第三章习题
    参考答案

第四章 商务连锁酒店日常运营管理

第一节 日常业务运营管理

案例导入：

福建公布消费者维权十大案例：客人洗澡滑倒酒店赔3000元

5月25日，家住四川省的宋先生入住漳州市区某酒店。其在浴室洗澡时，突然脚底被铁片扎到摔倒，手与头部摔伤，与商家交涉。酒店方认为酒店浴室内贴有安全告示，并备有防滑垫，而客人未使用防滑垫，致使其摔倒受伤。且客人在80多天前曾经骨折，才导致其骨折处再次裂开，客人也应承担相应责任。经漳州芗城消委会调解，酒店支付宋先生到医院就诊的医疗费1000元，免去其两天半的住宿费，并一次性给予宋先生2000元的补偿金。同时，酒店派车送宋先生到厦门机场搭乘返乡的飞机，费用由酒店承担。

点评：

消费者在消费时意外受伤，该如何维权？新《消费者权益保护法》为消费者送来了一道"护身符"，该法第七条、第十八条、第四十九条均作了明确规定：消费者在购买、使用商品和接受服务时享有人身、财产安全不受损害的权利。并明确指出"宾馆、商场、餐馆、银行、机场、车站、港口、影剧院等经营场所的经营者，应当对消费者尽到安全保障义务"。宋先生被铁片扎到摔倒，酒店理应承担相应责任。这是新法规对消费者安全权保护的扩展和延伸。

（摘自人民网，2014年9月19日）

学习目标

■ 日常业务运营管理

1. 掌握商务连锁酒店日常运营管控具体工作；
2. 掌握商务连锁酒店品质管理考核要点；
3. 掌握商务连锁酒店门店财务审计工作要点；
4. 能够根据商务连锁酒店日常运营中营收、成本费用管控的要求开展门店的营收、成本费用控制管理；
5. 能够根据商务连锁酒店品质管理要点开展酒店品质管理工作；
6. 能够根据商务连锁酒店财务审计工作要点开展酒店财务审计工作。

一、酒店日常运营管控

酒店日常运营，对于总部端来说，就是酒店企业的整体运营管控，主要从3个方面来进行管控，即通过对门店店长的经营业绩进行考核，考核该店长对该店的营收、成本费用控制、内部管理等管理项目。

（1）对外营收部分的考核。主要考核店长的全员营销或者营销方案的制订来达成营收的成效。

（2）对成本费用的管控。主要考核店长对门店内部的管理，即成本控制的成效。根据店长管理工作的主动性及总部对于门店成本管控的指导和培训来开展，总部可以指导店长进行员工薪资部分的绩效管控和调整，帮助店长进行人事稽查、工资体系审核，帮助店长在人员招聘、员工培训方面、薪酬发放方面进行合理调整。可以在总部配额下，由店长进行落实执行，从而节约整个酒店的成本开支。

对成本费用的管控，还可以通过能耗管控来实现。总部端可以制订相应的规范和要求，让门店店长密切监管整体的能耗数据，一旦发生能耗数据异常，就需要想方设法进行问题的处理和解决。

所以，除了门店店长自身需要在门店内部管理方面开动脑筋想办法外，总部也会在开源节流方面帮助门店店长进行大量的管控工作，从而使得门店对外营销工作能够不断优化，增加营业收入，使得门店内部成本和费用管理能够不断地优化。

成本管控，也可以通过总部的工程部门进行能耗管控及指导，总部的人资部门帮助店长进行人员培训及人工成本的核算，总部采购部门、信息部门、IT中心等部门也可以通过他们的渠道对门店的对外营销及成本管控、对内管理等提出他们的支持方案。

在这些细节都能落实的情况下，门店的日常运营管理应该就能处于一种健康而规范的运营模式。所以从某种意义上来讲，门店的店长尤为重要，一方面他必须按照总部的相关标准、要求来执行任务，而另一方面他也必须发挥其主观能动性，在门店的开源和节流两个方面形成实效。只有做到这两方面，才能使得中间的利润得到保障。

在日常运营管控方面，还有两大模块是通过总部端来进行统一管理和控制，即酒店质检和财务审计，在接下来的模块中，我们将一一道来。

二、酒店质检

酒店的品质管理，它的执行人员来自门店，它的检查人员来自公司总部。所以，在这个过程中，两者是一个监督和被监督的过程。如果门店店长在日常运营过程中执行到位，即按照公司品管部的要求进行执行和落实，那么该门店的整体对外品质应该可以保持良好的状态。

如果一家门店对外展示的品质是过关的，那么该门店的对外营销工作将会事半功倍。酒店的品质管理主要考察酒店的清洁卫生度、服务礼貌礼节、设施设备的保养、服务流程的畅通等因素。

品质管理的考核主要包括以下几个部分。

（一）总部方面的质检明察

总部品管部门会定期对下属门店进行质量检查，当然在检查之前，总部品管部门会将相应的检查细节及审核标准提前发给相关的门店，以期门店进行自检及提升。

（二）总部方面的暗访工作

总部品管部门会安排一些公司外的专业人士或是优秀会员对单体门店的管理情况进行暗访。暗访者虽然可能不具备质检经理或专员那样的专业标准，但是可以通过暗访者自身切实的体验，将酒店有可能存在的问题暴露出来，从而帮助该门店更好地进行品质管理及相应的措施调整，从而达到标准的服务水平和质量。

（三）网络评价

不管是通过集团公司自建的CIS渠道，还是第三方诸如携程、美团、去哪儿等OTA渠道，客人在进行入住体验后，都会在入住结束时，留下相应的网络评价，而这些评价又具有很强的客观性，虽然客人个体的差异性较大，但在一定程度上，也反映出了酒店客观存在的问题，当相当高比例的顾客对门店的某些问题带有一定的倾向性的评价时，那所暴露出来的问题一定程度上是存在的，有利于门店根据网络评定进行相应的改善和调整。

（四）客户反馈

可以通过书面的方式进行客户反馈，也可以通过直接投诉或表扬的方式来进行客户反馈，这种模式更为直接，所修正的效果也更为明显。在一定程度上起到了促进门店改良、修正或激励等作用。

三、酒店财务审计

酒店的品质管理，也可以通过门店财务审计的方式来进行。

如果门店规模较大，可以单独配置1名审计人员，主要负责该门店的日常仓库管理、采购、财务统计、账务审核等工作。

如果门店规模不大，可以由公司总部的审计人员来完成相应的审计工作，主要针对该门店的审计工作进行检查、抽查，而门店自身的审计工作由门店店长和值班经理来负责。总部对门店的内审，需要负责日常内部账务的统计和审核，诸如应收应付款、早餐报表，对门店的临时房和维修房进行抽查，对门店的会员奖励、团购款进行核对。

审计工作的开展，到最后都需要以审计报告的形式出现。审计报告一旦形成，必须报备集团公司老总及财务总监，并反馈给门店店长。在审计过程中，可能会出现有可能违反公司财务制度的情况或是在财务结算方面的弊端和漏洞，就需要通过审计工作将这些问题暴露出来。如果是共性问题，公司总部的财务部门将会出台相应的防范措施，如果是个性问题，总部将责令门店店长进行整改。

一般情况下，出现概率较大的是一些容易忽略的小问题，诸如应收账款未能及时

催款、到账率不高，或是有价票券的管理出现过期或是盖章方面的漏洞，或是门店的应退未退款、备用金在管理上存在挪用后未归还、长包房的收入、介绍客户旅游的佣金收入、门店垃圾回收处理款项等问题，如果门店在这些方面未能及时地发现问题并修正，那势必在一定程度上会对门店的财务管理产生影响，通过财务审计的方式，来杜绝和防范类似问题的发展，是效果较好的管控方式。

酒店日常营收、成本费用控制管理，品质管理以及财务审计工作是酒店开展日常业务管理工作的3个核心内容，在实施酒店日常业务管理工作的同时，酒店的工程运营安全管理也至关重要，我们将会在下一个专题中重点阐述。

考核指南

基础知识部分：

1. 商务连锁酒店日常运营管控具体工作；
2. 商务连锁酒店品质管理考核要点；
3. 商务连锁酒店门店财务审计工作要点。

实践操作部分：

1. 在商务连锁酒店运营管理工作中，开展营收管理、成本费用控制管理；
2. 在商务连锁酒店运营管理工作中，开展品质管理工作；
3. 在商务连锁酒店运营管理工作中，开展财务审计工作。

习题

1. 总部端对门店整体运营的管控，主要从以下几个方面开展，除（　　　）以外。
   A.店长对营收部分的考核　　　　　　B.店长对成本费用的管控
   C.店长对内部管理项目的管理　　　　D.店长对员工的考核

2. 品质管理主要包括以下几个部分，（　　　）除外。
   A.总部方面的质检明察　　　　　　　B.总部方面的暗访工作
   C.网络评价　　　　　　　　　　　　D.员工自检

3. 门店财务审计工作包括以下几个方面，除（　　　）以外。
   A.日常内部账务的统计和审核　　　　B.应收应付款
   C.早餐报表　　　　　　　　　　　　D.长期摊销费用

4. 审计工作的最后结论是（　　　）。
   A.反馈报告　　　　　　　　　　　　B.年报
   C.审计报告　　　　　　　　　　　　D.会计报表

5. 如果门店的规模不大，一般由（　　　）来完成门店的审计工作。
   A.总部财务部门　　　　　　　　　　B.总部审计人员
   C.门店店长　　　　　　　　　　　　D.外协单位

6. 如果门店具有一定的规模，一般由（　　　）来完成门店的审计工作。

　　A.总部财务部门　　　　　　　　　　B.总部审计人员

　　C.门店店长　　　　　　　　　　　　D.外协单位

7. 如果门店规模较大，可以配置（　　　）名审计人员。

　　A.1　　　　　　　　　　　　　　　　B.2

　　C.3　　　　　　　　　　　　　　　　D.5

8. OTA渠道包括如下几个渠道，（　　　）除外。

　　A.携程　　　　　　　　　　　　　　B.美团

　　C.去哪儿　　　　　　　　　　　　　D.旅游局网站

9. 暗访工作通常由（　　　）来担任。

　　A.总部品管部门　　　　　　　　　　B.门店店长

　　C.优秀会员　　　　　　　　　　　　D.总经理

10. 酒店的品质管理，主要考察以下内容，除（　　　）外。

　　A.酒店清洁度　　　　　　　　　　　B.服务礼节礼貌

　　C.设施设备保养　　　　　　　　　　D.酒店豪华程度

第二节　工程安全运营管理

案例导入：全季模式引领国内中档酒店市场

当连锁概念引入到投资领域，打造品牌就成为经营者的终极目标，其价值远远大于做好一个单一的酒店。消费者需要在不同门店能享受到同等品质的产品和服务。而经营者则要聚焦消费人群，确定一个包括设计、设施、服务在内的明确的品牌形象定位。如果没有一套品牌化、标准化产品，新型的中档酒店也很难做好。

全季酒店品牌在创立之初，便定位于只做有限服务，即提供简约、适度的服务，创造有质量的环境，同时引导健康的轻生活方式。全季除了在产品上采用"庖丁解牛"的思路，化繁为简，更透过看不见的服务，来为消费者创造看得见的享受，从自助预订，到自助办理入住，再到0秒退房，通过智能化产品的开发，全季品牌以一种新的理念向消费者诠释服务的内涵。

全季产品本身的设计也很新颖，酒店的国际设计师团队参与全国各地的每家全季酒店从设计到装修的全过程，富含禅意的整体设计风格体现了品牌所倡导的"回归初心"的健康生活方式。从空间布局上来看，酒店休息区里面包含了咖啡吧、商务洽谈区、上网区等自助功能区域，与行业内其他酒店人房比在0.4~0.6之间相比，全季酒店做到了低达0.23的人房比。在产品上，全季也精挑细选为给消费者带来愉悦舒适的体验。例如全季酒店与全球知名的高端床垫生产商KINGKOIL金可儿合作，采用其旗下乐活百伦品牌床垫，为全季的用户提供舒适放松的睡眠体验。

（摘自凤凰网时尚，2014年9月28日）

学习目标

1. 掌握商务连锁酒店工程管理流程及要点；
2. 掌握商务连锁酒店安全管理流程及要点；
3. 能够根据商务连锁酒店工程管理流程及要点，开展酒店工程管理工作；
4. 能够根据商务连锁酒店安全管理流程及要点，开展酒店安全管理工作。

一、工程管理

一家酒店的日常运营管理，会涉及许多方面的问题，包括公司统一的培训支持、采购支持等均是日常运营的表现方面。

其中，工程安全的支持也是非常重要的环节。

酒店运行最基本的条件，就是避免出现工程问题、治安及消防问题。如果一家门店工程质量、设施设备的维护保养存在问题，将会直接影响到酒店销售工作的开展。所以在一家酒店的工程运营管控和安全管理方面，公司总部均会出台一些明文的要求和标准。例如在酒店的日常工程管理方面，公司总部会出台相应的措施，要求门店去执行，如果门店的工程问题是共性问题，那么总部的工程部门会统一研究相应的处理办法，然后推广到各家门店。

当某一家门店的重大设备出现问题或故障时，就会由公司总部的工程部门通知外协单位予以及时修复；当一家门店的能耗管理出现问题时，那么公司总部的工程部门也要承担能耗管理指导工作。

所以一家门店正常运营的基础就是所有的工程和设施设备均达到完好的状况，而这些需要日常定期的维护、保养和检修，公司总部的工程部门则在这过程中起到至关重要的作用。

当然，当门店出现油漆脱落、需要简单的水电维修时，则由门店的万能工来负责解决，而万能工的标准化操作也需要总部工程部门进行统一培训和指导。

工程管理的重点工作如下所示。

（一）设备的使用管理

（1）每台设备必须编写操作（使用）规程和维护规程，作为正确使用和维护的依据。

（2）在使用任何一台新设备或新员工独立操作以前，必须对设备的结构性能、安全操作、维护要求等方面的技术知识进行教育和实际操作培训。

（3）值班经理会同工程维修人员应有计划地对操作人员进行技术培训，以不断提高对设备使用、维护的能力。

（4）重要设备的操作工经过技术培训后，要进行技术知识和使用和维护知识的考试，合格者方能独立使用或操作设备。

（二）工程维护保养

1.日常维护

（1）设备使用前进行清洁、润滑、紧固、空运转试车。

（2）工作中严格按操作规程使用设备，发现问题及时处理。

（3）下（交）班前对设备进行擦拭，清理工具，清扫工作地。

（4）每周进行1~2小时保养，彻底擦拭设备，清理死角。

2.月保或季保

（1）清洗、疏通、润滑系统各部件，清洗（更换）油毡、油线。

（2）调整滑动部位间隙，检查紧固部位紧固状况。

（3）对重点运转部位进行拆检，发现异常及时维修。

（4）对设备内外进行彻底清洁，消除卫生死角。

（5）电气部分要清除灰尘、除油垢，进行运行性能检查。

3. 年保

（1）更换或修复损坏零件，检查、调整有关部件。

（2）修研（刮）主要零件的磨损部位，修复基准面的磕、碰、伤等。

（3）进行定期（周期）清洗、换油。

（4）清扫、检查、调整电气元件，检查、保养电机。

（5）检查、测定设备主要精度、性能，调整传动部位。

（6）排除隐性故障，治理四漏（漏水、漏电、漏气、漏油）现象。

（7）清洗设备各部位的油迹、污垢。

（8）对于具备自检功能的设备，根据故障显示进行保养、维修。

（三）计划检修

1. 客房的计划检修

（1）根据酒店全年客房出租率制定客房不间断维修保养计划。

（2）按日、月、季度安排酒店客房进行不间断维修保养，每日必须保证检修保养2~3间客房。

（3）对客房进行计划检修维护时，严格按"客房维修保养检查表"各项内容逐项进行细致的检查。

（4）维修时必须严格按照技术标准及要求，保证维修质量。

（5）发现较大问题时，应及时向主管、店长汇报，对问题进行分析，并拿出解决问题的办法。

（6）客房检查维护结束后，请主管、店长检查验收并签字。

2. 公共区域的计划检修

应每月对酒店公共区域的设施设备进行检查，查出问题及时整改。

硬件设施设备的全年保养计划包括：

（1）检修全店电气设备：清扫、紧固螺丝，查电流电压表、指示灯指示正常、防护板配置齐全。

（2）检修全店供水系统运行情况，无跑、冒、滴、漏，水温正常，软化系统、消毒设备可靠有效。

（3）检查电梯、有线电视、锅炉、监控、消防报警运行情况，安排维保单位重点检查一次。

（4）检查燃气系统供气情况，全面检查厨房设备使用情况和电器设备安全性。

（5）检查全店普通照明、应急照明系统和疏散指示灯，保证完好率达到100%。

（6）检查酒店各部位门窗开闭状况，保证开闭自如、紧闭。

（7）对酒店全部设备间进行卫生清扫。

（8）清洗酒店空调机进、出风口过滤网。

（9）粉刷、修补员工餐厅、倒班宿舍。

（10）检查遥测酒店避雷系统、接地系统的电阻合格值：避雷系统不超过10Ω，接地系统不超过4Ω。

（11）对酒店动力设备电动机进行清扫、除锈、加油、紧固，检查轴承、扇叶，声响异常及时更换。

（12）粉刷员工公共区域墙面，修补地面。

（13）检查酒店排污、雨水管路系统是否畅通，清扫楼顶污物，保证排水畅通。

（14）检修酒店外部金属大门、自行车棚、垃圾房等设施，脱漆部位重新刷上油漆。

（15）粉刷、油漆、修补客房通道墙面、吊顶、管道井门，检修通道地毯、地砖。

（16）检修公共区域地毯、地砖、窗台面板等部位。

（17）检修公共卫生间洁具、五金件、给排水装置、电器、墙地面、隔断板、门窗是否完好。

（18）粉刷、油漆大堂墙面，检查修理木制家具。

（19）检查、保养酒店通风换气系统、厨房排烟系统、煤气表房强排系统。

（20）掏清酒店内外隔油池、排污池、化粪池、雨水管网。

（21）检查全店普通照明、应急照明系统和疏散指示灯，保证完好率达到100%。

（22）清扫、检修酒店高、低压配电设备。

（23）油漆、修补室外金属消防梯脱漆、开焊部位。

（24）重新油漆停车场车道线、庭院灯、铁艺装饰。

（25）修补、粉刷主门区域墙面、阶梯、装饰等部位。

（26）清洗酒店空调机进、出风口过滤网。

（27）检查清洗酒店热水系统锅炉、热水器、出水过滤网，避免结垢和残留渣滓。

（28）全面检修酒店供暖系统。

（29）粉刷、油漆室内消防步行梯墙面、顶面、阶梯、窗户、防火门等部位。

（30）粉刷、油漆、修补客房通道墙面、吊顶、管道井门，以及检修通道地毯、地砖。

（31）对酒店客房墙面进行全面修补、粉刷、油漆。

（32）检查修理公共区域门窗是否完好。

（四）加强能源管理

1. 建立能源管理的领导组织

以工程维修人员为基础，在店长的领导下，建立能源管理的领导组织。能源管理委员会是由店长协同各部门在能源方面的责任人组成，其职责是制定、完善和执行酒店能源计划。由工程维修人员负责对各部门在每个阶段的能源使用情况进行分析，根据能源管理计划中的各项指标要求对各部门进行考核，并保障计划实施的连续性。

2. 提高设备的利用效率

全员参与能源管理需要工程维修人员的合理宣传，形成全店的节能风气，坚持不懈地推行节能思想；不断提高设备使用技术，并改进设备操作规范以减少设备能源损耗；加强设备日常操作管理，通过操作人员的科学使用和全体服务人员的努力来减少酒店能源消耗。

3. 加强节能技术应用

工程维修人员必须关注酒店业节能技术的应用趋势，结合自有设施设备的实际，不断引进适合的节能技术。通过科学分析，确定酒店主要的能源性消耗类型及能源消耗的主要场所或设备，按照重要性程度选择使用节能技术类型，如节水技术（冷凝水回收、热水节能技术及各种节能用水器材等）、节电技术（节能灯采用、节能开关应用）等，通过技术运用，更大幅度地减少能源消耗，提高能源的利用效率。

4. 能耗的控制

工程人员平时除了保证整个酒店正常运作外，还要对水、电、气及其配套设备进行维护、改造、革新，从而达到节能降耗的目的。

在日常管理中，要对能安装计量（水表、电表）设备的地方尽量安装，并按计划每月多次抄表核对，对水、电、气（油）用量超过平均水平的，要分析原因，杜绝浪费现象。

同时，工程人员在平时维护工作和巡察过程中，要对各部门存在的浪费现象及时制止，并做好记录，由部门经理及时同各部门沟通，以达到监督的作用。

（五）处理好与其他部门的关系

（1）处理好与前台的关系：向前台了解酒店客情预报，如当天住客人数、主要顾客情况、当天酒店主要活动时间及地点和人数、客人需使用什么特殊设备、客人投诉意见等，只有了解这些情况，才能配合其他部门做好服务。

（2）处理好与客房部的关系：工程维修人员应掌握客房内的设备情况，特别要重视卫生间的设施，使用是否灵验、下水是否通畅、出水是否达标。

（3）处理好与其他部门的关系：在工程维修人员的管理工作中，涉及人力资源、财务、采购等多项管理工作，而提高工程维修人员的管理水平、工作效率和员工服务水平也需要包括酒店人力资源、培训、财务等部门岗位人员的支持，协调与这些部门之间的关系也是决定工程维修人员工作优劣的重要条件。

酒店对客服务，是一个从客人进店到客人离店的全过程，任何一个环节都不应发生差错。工程维修人员始终是这个过程的基础，只有加强部门之间的合作、沟通才能将服务工作做好。

（六）确保安全管理

每年在雷雨季节要求对大楼、机房、油库进行避雷检测；对控制柜各端按计划两个月检测一次温度，对触点拉弧严重的接触器及时更换；按计划对消防设施及煤气定期检查；要求每周一次大检查；对二次用水和排污系统定期清理，保证生活用水和排污的畅通；每年至少4次安排清理厨房油烟系统。

要求保养单位制定计划，并按计划通知工程维修人员进行设备保养，在保养时安排人员极力配合，降低电梯、空调等外保设备的应急抢修频率，对技术含量不高的设备，要求勤学勤问，努力变外保为内修，为酒店节约不必要的开支。

（七）管理好维修工具

维修工的常用工具，可由个人保管使用，建立个人持有工具登记卡；机房设备检修工具，应放在固定的工具箱内，统一保管，使用时办理借用手续；各种电动工具统一保管，使用时办理借用手续；凡属人为的工具损坏，应酌情进行经济赔偿；工具更换实行以旧换新制度。

（八）设施设备的档案管理

进行归档管理的设施设备资料包括：

（1）酒店图纸（水电系统图纸、结构图纸、家具图纸、吊顶面图纸、外场图纸、门头图纸、大堂图纸）。

（2）设施设备（电梯、弱电、监控、有线电视、锅炉、交换机）的说明书、付款情况、单位名称、联系人、联系地址、联系电话和维保单位名称、地址、联系人。

（3）施工单位一年内维修负责人、电话、地址。

（4）酒店相关合同文本的复印件。

二、安全管理

任何一家门店，均是人员密集型企业，所以安全管理工作至关重要，这中间既涉及员工的安全操作问题，也包括住店客人的安全保障问题，所以，酒店会在安监局的统一指导下，制订酒店安全管理的执行办法，并对门店店长进行统一培训，并在日常的工作及管控过程中加以注意。

酒店安全管理内容主要有三大方面。

（一）建立有效的安全组织与安全网络

1. 安全的具体负责人

由值班经理和保安人员负责，保安人员在值班经理的督导下，负责酒店日常安全保卫和消防工作，维护酒店治安秩序，做好消防工作的管理和检查，确保酒店客人和员工的生命和财产安全。

（1）服从命令，听从指挥，做好酒店的日常保卫工作，确保酒店和客人的生命和财产安全，保障酒店良好的安全经营环境。

（2）对酒店各重要部位、楼层、公共场所进行巡视和检查，及时发现和解决安全问题，对可疑情况及时报告和跟踪解决。

（3）认真检查烟感报警系统，密切监视安全保卫监控系统，发现异常情况要妥善处理，并做好详细记录。

（4）定期检查和维护保养安全消防设施、设备和器材，保证所有的安全消防设备和器材始终处于正常有效状态，发现问题及时处理，并做好记录。

（5）做好每天的安全巡视记录，并做好交接班工作，对重要事件必须立即汇报上

级主管或店长。

（6）配合店长建立和健全消防安全管理工作的档案管理机制并关注材料的收集与积累。

（7）积极配合酒店接待政府相关部门的检查工作，并及时按照要求解决酒店存在有关消防安全方面的问题。

（8）积极参加酒店和政府的相关专业培训，不断提高安全意识和处理事件的能力。

（9）维护酒店周围的良好秩序，指挥酒店门前和周围的车辆停泊规范。

（10）向每一位客人礼貌地问候。

（11）及时为客人指引方向、解答疑问，为酒店树立良好的形象。

（12）征询客人意见，及时为客人提供行李等便利服务，适时为客人介绍酒店的服务项目和特色。

（13）耐心接受客人投诉，并及时向上级报告客人意见和诉求。

（14）做好员工间的协作工作，完成上级指派的其他工作。

2. 安全网络的建立

由于酒店安全管理的复杂性，酒店的安全管理工作除由值班经理和保安人员具体负责外，还应根据商务连锁酒店的特征，建立有效的安全组织与安全网络。酒店的安全组织和安全网络由酒店的各级管理人员和一线员工组成，与保安人员一起共同完成安全管理。

（二）制定科学的安全管理计划、制度与安全管理措施

科学的安全管理计划、制度和安全管理措施能将不安全问题防患于未然，避免酒店不安全问题的发生或降低发生的频率。其内容包括：防止犯罪与盗窃控制计划与管理措施；防火安全计划与消防管理措施；常见安全事故的防范计划与管理措施。安全制度包括治安管理制度、消防管理制度等内容。

（三）紧急情况的应对与管理

紧急情况是指发生在酒店中的一些突发的、重大的不安全事件或事故。从安全角度看，酒店中容易产生的紧急情况一般有停电事故、客人违法事件、客人伤病亡事故、涉外安检以及楼层防爆等。加强对紧急情况引发因素的控制与管理，做好应对紧急情况发生的准备工作，是酒店安全管理的重要工作与任务。

考核指南

基础知识部分：

1. 商务连锁酒店工程管理流程及要点；

2. 商务连锁酒店安全管理流程及要点。

实践操作部分：

1. 开展商务连锁酒店工程管理工作；

2. 开展商务连锁酒店安全管理工作。

习题

1. 商务连锁酒店的日常运营管理中，（　　　）是较为重要的环节。
   A.培训支持　　　　　　　　　　　　B.采购支持
   C.工程安全支持　　　　　　　　　　D.管理支持

2. 酒店运行最基本条件，需要避免以下几个环节，不包括（　　　）。
   A.工程问题　　　　　　　　　　　　B.治安问题
   C.消防问题　　　　　　　　　　　　D.人员流失问题

3. 当一家门店的重大设备出现问题或发生故障时，会由（　　　）通过外协单位予以及时修复。
   A.企业总部　　　　　　　　　　　　B.总部工程部门
   C.门店店长　　　　　　　　　　　　D.门店业主

4. 当一家门店的能耗管理出现问题，由（　　　）来承担能耗管理指导工作。
   A.企业总部　　　　　　　　　　　　B.总部工程部门
   C.门店店长　　　　　　　　　　　　D.门店业主

5. 一家门店正常运行的基础是所有的设施设备均达到（　　　）状态。
   A.完好　　　　　　　　　　　　　　B.良性
   C.超额　　　　　　　　　　　　　　D.节能

6. 当门店出现简单的水电维修需要，由（　　　）来负责维修。
   A.总部工程部　　　　　　　　　　　B.总部办公室
   C.外协单位　　　　　　　　　　　　D.门店万能工

7. 门店万能工的培训由（　　　）来负责。
   A.总部工程部　　　　　　　　　　　B.总部办公室
   C.外协单位　　　　　　　　　　　　D.门店万能工自我培训

8. 酒店会在（　　　）部门同意的指导下，制订酒店安全管理的执行办法。
   A.安监局　　　　　　　　　　　　　B.派出所
   C.保卫局　　　　　　　　　　　　　D.消防局

第三节　营销推广与加盟管理

专题一　营销推广（上）

案例导入：7天创业初期促销策略

7天连锁集团在创业初期，就定位准确——经济型酒店，目标客户明确——商务人士、爱好自助游人士，年轻一族长尾消费力量。在公司，几乎每周都可以看到7天的业务人员扫楼似的销售，但现在人们对于这种扫楼似的销售已达到一种厌恶的状态，有些公司在门口甚至贴出："谢绝推销，面斥不雅"的牌子，想必这种主动式推销已变得相当被动。

好在郑南雁也早已意识到这点，在疯狂扫楼的同时，也打出网络营销这一利器，因为消费群年轻化的特殊性，与腾讯公司合作，在腾讯网或拍拍网中7天酒店的专属页面，即可凭借自己的QQ号直接进行酒店查询和预订，通过财付通支付平台完成付款，非常便捷。同时包括与"天涯""财付通"以及"口碑网"等进行合作，在各大搜索引擎做付费广告宣传等。但是，就7天连锁酒店网络营销来说，电子商务的长尾消费力量还未充分地体现出来。

（摘自28商机网，2008年12月9日）

学习目标

■ 营销推广（上）

1. 掌握传统媒体广告营销、户外媒体广告营销所涵盖的类型；
2. 掌握传统媒体广告营销、户外媒体广告营销的特征；
3. 能够根据商务连锁酒店产品的性质，选择恰当的广告类型进行营销推广。

一、传统媒体广告营销

传统媒体广告主要包括电视广告、电台广告、报纸广告、杂志广告。

（一）电视广告营销

1.电视广告特点

（1）传播速度快，覆盖面广，表现形式丰富多彩，可声像、文字、色彩、动感并用，是一种感染力很强的广告形式。

（2）成本昂贵，制作费工费时，并受到时间、播放频道等因素的限制和影响，信息只能被动地单向沟通，费用也相对较高。

2. 商务连锁酒店采用电视广告需注意的问题

（1）突显企业文化，富含文化创意。

（2）贴合品牌及产品特征（贴合品牌含义，强化产品特色）。

（3）优化视听效果，加强感觉体验。

（4）善于利用代言，突显名人效应。

（二）电台广告营销

1. 电台广告的特点

（1）成本较低、效率较高、受众面广；一般可以通过热线点播、嘉宾对话、点歌台等形式来刺激听众参与，从而增强广告效果。

（2）传播手段受技术限制，不具备资料性、可视性；表现手法单一。

2. 电台广告的优势

电台广告由于其具有"随时随地收听"的效果，所以成为主流媒体广告的重要补充。包括可口可乐在内的很多世界500强公司都有专门的电台媒体策划部门，其主要优势在于：

（1）有车的人越来越多，电台是开车出行中唯一有效的媒体。

（2）手机的普及性和便利性，可通过手机载体进行电台信息收听，也是一种良好的普及渠道。

（3）谈话类的互动节目很受欢迎，通过专家、嘉宾感性的描述和理性的分析，容易使收听者产生信任感。

（4）电台广告相对于电视、户外、车身、网络广告来说，价格要相对较低。

3. 商务连锁酒店采用电台广告需要注意的问题

（1）广告词清楚、明白，易于理解和记忆。

（2）尽量简短，多用短句，少用修饰语，注意口语化、地方化，能直接切入产品主题。

（3）播音语速适中，反复朗读以便于起到鼓动作用并加强记忆。

（4）电台广告的开场白一定要具有特色。

（5）背景音乐能够突出广告主题，增强广告感染力。

（三）报纸广告营销

1. 报纸广告的特点

（1）可反复阅读，便于保存、剪贴和编辑。

（2）给予客户较为充分的时间接受信息，更容易留下深刻印象，且信息表达更为精确。

（3）成本相对较低。

（4）传播速度慢于电视、电台广告途径，传播范围小于电视、电台，且受众文化程度受到限制。

2. 商务连锁酒店采用报纸广告的适用范围

报纸广告适用于开业、特别活动等方面的广告，也可以通过报纸进行优惠信息或优惠券的登载，或让读者剪下后凭券享受酒店优惠服务，但需注意登载的频率、版面、广告词和广告的大小、色彩等。

（四）杂志广告营销

1. 杂志广告的特点

（1）针对性强、专业性强，受众范围相对固定。

（2）储存信息量大，图文并茂，专栏较多、较全，且纸张、印刷质量高，对消费者心理影响显著。

（3）出版周期长，适用于实效性不强的广告。

2. 商务连锁酒店采用杂志广告的适用范围

可选择一定目标对象经常阅读的杂志投放广告，进而开展针对性强、有效的投放和刊载。

二、户外媒体广告营销

户外媒体广告也是一种有效的宣传方式，可以通过户外媒体广告进行品牌形象的塑造与宣传，进而形成一定的产品推介和购买消费行为。

（一）户外广告的概念

设置在户外的广告我们称之为户外广告，常见的户外广告有路边广告牌，高立柱广告牌、灯箱，霓虹灯广告牌，LED看板，以及升空气球、飞艇等先进的户外广告形式。

（二）户外广告的分类

1. 自设性户外广告

以标牌、灯箱、霓虹灯单体字等为媒体形式，利用自有或租赁的建筑物、构筑物等建筑物载体设置的广告。

2. 经营性户外广告

在从城市道路、公路、铁路两侧，以及城市轨道交通线路的地面部分、河湖管理范围、广场、建筑物、构筑物和交通工具上，以灯箱、霓虹灯、电子显示装置、展示牌等为载体设置的商业广告，统称为经营性户外广告。

（三）户外广告的特点

（1）对地区和消费者的选择性强。

（2）在消费者户外活动时会有较高的关注度。

（3）具有一定的强迫诉求性质，可通过反复的有意无意的关注加深印象。

（4）表现形式丰富多彩。

（5）在一定程度上能够避免其他竞争广告的干扰，而且广告费用较低。

（6）广告站牌大多数位置固定不动，覆盖面不会太大，宣传区域较小。

（7）效果难以测评。

（四）商务连锁酒店采用户外广告的适用范围

（1）可将广告牌设立在人口密度大、流动性强的地方，比如机场、火车站、轮船码头等。

（2）大型商务连锁酒店企业可以做全国性广告。

（3）户外广告应主题明显、立意新颖、创意十足且能一目了然。

（五）几大户外广告营销形式的区别

1.公交车身广告营销的优势

（1）认知率和接受频率较高：公交车具有高流动性，受众覆盖面广。

（2）具有提示作用：因为是交通工具，其播放可促进外出购物时购物行为的产生。

（3）投入少、效果好：在发布时间和价格上具有灵活性。

（4）广告作用时间长：反复注意的时间和频率都较长。

（5）灵活性强：可根据所宣传的内容选择相应的公交环境。

（6）面向大众，受众面广。

（7）具有一定的环境美化作用：绝大部分公交广告都鲜艳夺目、艺术感强。

2.地铁广告营销的优势

（1）关注度高：地铁乘坐时间长，关注时间长。

（2）投放灵活、创意多：多种媒体相结合，创意空间无限。

（3）视觉效果好：洁净舒适、无干扰的媒体环境，体现高端品质形象。

（4）覆盖面广：受众面广。

（5）接触批次密：相对稳定的客流，多次重复接触广告信息。

3.电梯广告营销的优势

（1）针对性强、费用低。

（2）富有创意、有效传递信息。

4.路牌广告营销的优势

可根据区域特点进行有针对性的投放，可对固定消费群体和受众进行反复宣传。

考核指南

基础知识部分：

1.传统媒体广告营销分类及其特点；

2.户外媒体广告营销分类及其特点。

实践操作部分：

根据商务连锁酒店产品特性，选择一种合适的广告模式开展广告营销，并进行方案制定。

习题

1. 传统广告媒体主要包括如下因素，除（　　　）以外。
   A.电视广告 　　　　　　　　　　B.报纸广告
   C.杂志广告 　　　　　　　　　　D.新媒体广告

2. 电视广告的特点如下，其中不包括（　　　）。
   A.传播速度快 　　　　　　　　　B.覆盖面广
   C.性价比高 　　　　　　　　　　D.表现形式丰富

3. 电台广告的特点如下，其中不包括（　　　）。
   A.成本低 　　　　　　　　　　　B.受众广
   C.表现手法单一 　　　　　　　　D.画面丰富

4. 报纸广告的特点如下，其中不包括（　　　）。
   A.可反复阅读，便于保存 　　　　B.信息表达精确
   C.成本低 　　　　　　　　　　　D.传播速度快

5. 杂志广告的特点如下，其中不包括（　　　）。
   A.专业性强 　　　　　　　　　　B.储存量大
   C.出版周期长 　　　　　　　　　D.受众范围广

6. 户外媒体广告形式包括下列种类，除（　　　）以外。
   A.路边广告牌 　　　　　　　　　B.高立柱广告牌
   C.霓虹灯广告牌 　　　　　　　　D.车身广告牌

7. 公交车身广告的特点如下，其中不包括（　　　）。
   A.画面动态丰富 　　　　　　　　B.认知率和接受频率高
   C.投入少、效果好 　　　　　　　D.面向大众，受众面广

8. 地铁广告的特点如下，其中不包括（　　　）。
   A.关注度高 　　　　　　　　　　B.投放灵活
   C.覆盖面广 　　　　　　　　　　D.形式灵活多样

9. 电梯广告的特点如下，其中不包括（　　　）。
   A.针对性强 　　　　　　　　　　B.费用低
   C.富有创意 　　　　　　　　　　D.覆盖面广

10. 路牌广告的特点如下，其中不包括（　　　）。
    A.可反复宣传 　　　　　　　　　B.受众群体固定
    C.针对性强 　　　　　　　　　　D.形式灵活多样

专题二　营销推广（中）

案例导入：布丁酒店微信营销成功案例

微信是当下中国移动互联网时代最主流的通信方式之一，为酒店提供了信息传播、品牌推广、产品购买、转账支付、客户服务等一系列营销服务。微信营销已成为酒店创造自身价值、提升顾客体验的重要战略工具。

如果你的资讯还只停留在微信可以进行酒店订房，说明你真的落伍了，布丁酒店通过与腾讯官方密切合作，已把一个改变酒店营销模式的产品呈现出来。

布丁酒店微信客户端实现了个性化的菜单定制，在微信底部的对话栏中提供"我的布丁""预订""最新活动"3个菜单选项，这比起原先用户主动发起的对话式交互有了很大的进步，布丁酒店微信客户端，不再只是消息推送与回复。增加了自定义菜单后，原有的布丁酒店账号瞬间变身成一个轻APP。原来用户需要到会员卡特权里面寻找订房功能，要分好几个步骤来实现，比较烦琐。现在打开布丁酒店微信账号即可直接选择订房，大大缩减了其预订流程。据了解，自定义菜单上线后，其订单量有了一个很大的提升。布丁酒店与腾讯官方通过大量调研，把客户最需要的"我的布丁""预订酒店""最新活动"3个项目最先放到我们的自定义菜单中以提供最佳的用户体验。当然，后期还可以根据自定义菜单点击率等情况进行调整。

在布丁酒店官网中，每家门店都有单独的门店详细介绍页面，为用户预订提供了一个很好的参考。通过不断研究与优化，现在布丁酒店微信端同样也加入了每一个门店单独的主页（门店详情页），更适合移动端用户体验，也更符合微信用户人群习惯。页面涵盖：门店基本资料（门店照片、价格、地址、电话等）、特享优惠、交通、美食&餐馆、旅游线路等。

（摘自职业餐饮网，2013年12月18日）

学习目标

■营销推广（中）

1. 掌握新型营销模式及其他营销模式所涵盖的类型；
2. 掌握新型营销模式、主题营销、分时营销、绿色营销的特征；
3. 能够根据商务连锁酒店产品的性质，选择恰当的广告类型进行营销推广。

一、新型营销模式

（一）网站营销

1. 网页设计的要点

（1）主页设计要主题明确、效果明显。

（2）结构设计合理、层次清晰、操作方便。

（3）内容全面而生动。

（4）链接方便浏览。

2. 虚拟客房

采用"虚拟客房"立体地看空间效果，客人可以获得身临其境的感受，并且能充分体验虚拟客房，刺激感观并了解功能效果。

（二）搜索引擎营销

1. 搜索引擎的分类

（1）搜索引擎广告：包括赞助商广告、付费排名广告、内容关联广告，搜索引擎广告根据付费的多少决定排名的先后。

（2）搜索引擎优化：根据搜索引擎自然排名的工作原理，结合网站设计、书写、代码编写以及链接等工作，最大限度提高页面所选关键词下的搜索结果排名靠前的可能性。

（3）付费登录和目录：专门针对一些人工编辑的搜索引擎，如英文Yahoo! Business.com就是典型的提供付费登录目录的例子。

（4）比较购物搜索引擎：购物搜索引擎为人们提供寻找、比较在线商品的销售信息。

2. 商务连锁酒店运用搜索引擎时应注意的问题

网络信息量大，为了使得搜索营销真正有效，获得最大效益，必须注意要使得该商务连锁酒店在搜索结果的排序中尽量靠前，尽快出现在顾客的视线中，才能引起他们的关注。

（三）博客营销

博客营销是指在网站设立的博客，进行用户注册，然后发表宣传型和广告型文章，介绍酒店企业情况与产品、服务情况而引起读者注意，并与潜在客人进行网络沟通的一种新型的营销方式。

1. 博客营销的优势点

（1）标题简明扼要：方便潜在客人在潜意识中提高熟悉度；标题会影响广告的覆盖率和客人响应度。

（2）文章内容应精辟、详细、通俗易懂，容易引起共鸣。

（3）口碑营销的效果：潜在客人通过与家人、朋友谈论沟通，进行信息传递。

（4）采用名人效应：如邀请经济管理类的知名学者为企业广告的撰稿人，可通过名人效应，使其公信度和影响力进一步提升。

（5）与客人之间的关系拉近：可采用文字、图片和视频等方式多元生动地做好广告。

（6）贴近需求：作为一种大众化的营销方式，需要与客户进行互动，所以必须要跟进客人的需求。

（四）论坛营销

论坛营销是企业利用各种论坛平台，通过文字、图片、视频等方式发布企业的产品和服务的信息，从而让目标客户更加深刻地了解企业的产品和服务，最终达到宣传企业的品牌、加深市场认知度的营销目的。

1. 论坛营销的优势

（1）针对性强。

（2）氛围好。

（3）口碑宣传比例高。

（4）投入少、见效快。

（5）培养典型消费者。

（6）掌握消费者反馈信息。

2. 商务连锁酒店采用论坛营销需注意的问题

（1）保持互动。

（2）多些原则。

（3）搞笑风趣。

（4）学会讲故事。

（5）与时俱进。

（五）微博营销

1. 微博营销应注意的问题

（1）选择有影响力、集中目标用户群体的微博平台。

（2）精心设计企业头像、文字简介、标签等展示元素。

（3）品牌拟人化效果更佳。

（4）增加平台互动环节。

（5）坚持线上维护与线下宣传同时进行，企业专门指派专人24小时维护官方微博，第一时间回答粉丝疑问，并解决实际问题。

（六）微信公众号营销

1. 微信公众号营销特点

（1）图文并茂，尤其是动图、视频等媒介元素，多元化运用，丰富生动。

（2）方便操作，可进行实时更新和推送。

（3）针对性强，且手机用户数量较多，受众面广。

（4）贴近需求，互动性强。

2. 商务连锁酒店采用微信公众号营销的注意点

（1）内容生动活泼，具有吸引力。

（2）优惠信息、活动信息应言之有效，具有一定的可信赖性。

（3）公众号内容应具有创意，能够符合受众的审美标准。

（七）病毒式营销

病毒式营销是一种常用的网络营销方法，常用于进行网站推广、品牌推广等，病毒式营销利用的是用户口碑传播的原理，通过互联网进行"口碑传播"更加高效。

1. 病毒式营销常见类型

（1）免费服务：提供免费的二级域名、免费空间、免费程序接口、免费计数器等资源，而这些资源可以直接或间接地加入酒店的链接或其他产品的介绍，也是一种广告的形式。

（2）便民服务：在网站上提供日常生活会用到的一些查询，如公交查询、电话查询、手机归属地查询、天气查询等信息，将这些便民服务与企业网站结合在一起，可以产生良好口碑及推广效果。

（3）精美网页或笑话：将具有创意性的精美网页进行发送推广，也不失为一种良好的推广和宣传手段。

（4）节日祝福：可以通过QQ、MSN、E-mail等工具向朋友发送一些祝福，后面附上网页地址或精美图片，由于在节日里，人们都很高兴收到来自朋友的祝福，也喜欢发祝福给朋友，一个搞笑的病毒链接就这样形成了。

2. 商务连锁酒店采用病毒式营销的对应策略

（1）创新策略：采用创新的媒体类型进行有效宣传推介和传播。

（2）创新追赶策略：又称为"定点赶超"，通常是寻找一个最佳竞争对手或最佳实战者，模拟并改进该企业的一些可借鉴做法。

（3）免费策略：免费策略在病毒营销方面具有较好的宣传效果。

（八）电子邮件营销

1. 运用电子邮件营销需要注意的问题

（1）及时收集客人资料，并建立客人资料库。

（2）真正了解客人需求。

（3）培养全员电子邮件营销理念。

（4）利用电子邮件主动进行营销，服务客户。

（九）团购营销

团购即团体购物，指认识的或者不认识的消费者联合起来，提高与商家的谈判能力，以求得最有价格的一种购物方式。根据薄利多销、量大价优的原理，商家可以给出低于零售价格的团购折扣和单独购买得不到的优质服务。

商务连锁酒店采用团购网站的方式进行品牌推介和宣传应注意以下几点：

（1）慎选团购合作对象。

（2）团购业务比例要科学，切勿透支利益。

（3）团购产品是否可以合理享受"原价"服务。

（4）团购仅是传统模式的补充，不可将其"神化"。

（十）网络订房渠道营销

与携程网、艺龙网、芒果网、去哪儿网等OTA渠道进行合作，客人通过平台渠道入住。

二、其他营销方式

（一）主题营销

指酒店企业在组织策划各种营销活动时，根据消费时尚、酒店特色、时令季节、客源需求、社会热点等因素，选定某一主题作为活动的中心内容，以此作为营销的吸引标志，吸引公众并令其产生购买行为，这种营销方式称为主题营销。

1. 主题营销的关键点

（1）差异性：强调差别，塑造一种与众不同的主题形象，使酒店产品和服务与其他同类企业区别开来，并能在住客心目中树立起不可替代的地位。

（2）特色性：力求创新，突破千店一面的传统格局，突显个性和特色。

（3）文化性：诠释酒店的文化内涵。

2. 主题营销的类型

（1）以酒店企业自身文化内涵为主调，从而进行全方位的设计，形成主题酒店，如历史文化主题酒店（见图4.1）、自然风光主题酒店（见图4.2）、城市特色主题酒店（见图4.3）、名人文化主题酒店（见图4.4）、科技信息主题酒店（见图4.5）、亲子温馨主题酒店（见图4.6）、艺术文化主题酒店（见图4.7），当然，商务连锁酒店也可以有相应的商务主题酒店。

图 4.1　历史文化主题酒店

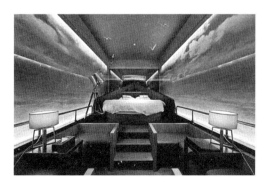

图 4.2　自然风光主题酒店

图 4.3　城市特色主题酒店

图 4.4　名人文化主题酒店

图 4.5　科技信息主题酒店

图 4.6　亲子温馨主题酒店

图 4.7　艺术文化主题酒店

（2）在商务连锁酒店企业中，可开发各类主题客房、主题餐厅或主题娱乐的方式实现主题营销策略。

（3）主题活动的营销方式，通过阶段性地推出主题营销活动，使酒店获取良好的经济效益与社会效益，以特色性、文化性作为主题营销的卖点。

（二）分时营销

将商务连锁酒店企业客房的使用权分时段卖给客人，即消费者购买不同时段的客房使用权，并且可以通过交换网络平台与其他消费者交换不同酒店企业的客房。

分时营销运用时序性这一特点，实现分时共享和分时交换这两大消费理念，从而使得客房价值最大化。

（三）绿色营销

绿色营销是商务连锁酒店为适应环保的需要，改善消费环境质量、维护客人身心健康而开展的一种营销策略。绿色营销产品类型包括：

（1）绿色形象树立：包括绿色产品、绿色服务、绿色经营、绿色员工、绿色发展和绿色环境形象。

（2）绿色产品开发：节省原料，减少非再生资源的消耗；容易回收、分解；低污染或无污染，不对消费者身心健康造成损害。

（3）绿色客房：从设计到提供产品的全过程所涉及的环境行为必须符合环保要求，具体会涉及地板、家具、床上用品等。例如，地板是天然木材和石料，家具选择天然木、藤制品或玻璃器皿，床上用品是纯天然棉麻织物，并且使用绿色文具、绿色冰箱、节能灯具等，并采取摆放绿色植物、花卉等措施。

考核指南

基础知识部分：

1.新型营销模式分类及其特点；

2.主题营销、分时营销、绿色营销特点。

实践操作部分：

根据商务连锁酒店产品特性，选择一种合适的广告模式开展广告营销，并进行方案制定。

习题

1.下列哪一项不属于新型营销模式？（　　　　）

A.网站营销　　　　　　　　　　B.搜索引擎营销

C.博客营销　　　　　　　　　　D.地铁广告投递

2. 搜索引擎营销，不包括下列哪一项？（   ）
    A.搜索引擎广告   B.搜索引擎优化
    C.付费登录和目录   D.微博营销

3. 下列哪一项不属于博客营销的优点？（   ）
    A.标题简明扼要   B.内容精辟详细
    C.互动性强   D.覆盖面广

4. 下列哪一项不属于论坛营销的优点？（   ）
    A.针对性强   B.氛围好
    C.投入少、见效快   D.形式多样灵活

5. 下列哪一项不属于微信公众号营销的特点？（   ）
    A.图文并茂、多元化运用   B.方便操作
    C.全面覆盖   D.互动性强

6. 病毒式营销常见的类型有以下几种，除（   ）以外。
    A.免费服务   B.精美网页
    C.节日祝福   D.搜索引擎

7. 以下哪一项不是网络订房渠道营销平台？（   ）
    A.品橙网   B.艺龙网
    C.芒果网   D.去哪儿网

8. 主题营销方式是一种较好的酒店营销方式，下列哪一项不属于主题营销？（   ）
    A.企业主题文化   B.主题客房
    C.主题活动   D.主题论坛

9. 绿色营销可通过以下方式来进行营销，除（   ）以外。
    A.绿色形象树立   B.绿色产品开发
    C.绿色客房产品   D.绿色装修设计

10. 分时营销方法是通过时序性这一特点，实现分时共享和分时交换，从而达到客房价值（   ）。
    A. 最优化   B. 最大化
    C. 高端化   D. 普及化

专题三 营销推广（下）

案例导入：华住会员体系规模庞大

会员体系作为培养入住客户忠诚度的管理体系，对于现代酒店的意义十分重大。对于酒店公司，忠诚不仅仅是再次光顾或只是更多的直接预订。这是一个统一的战略，对许多企业而言，忠诚是取得业务的短期或长期成功的关键。

华住集团旗下所有品牌共用一套会员体系"华住会"，注重为旅行者提供住宿、出行、购物等优选服务。华住会的会员权益覆盖7+X个品牌，对于每个品牌同等级会员所享有的权益也大相径庭。

想要提升酒店的盈利能力，抓住会员和直销两大脉门才是关键。华住相关数据显示：相对普通会员平均每年贡献6个间/夜；使用华住App的会员平均每年贡献9个间/夜；而绑定微信的会员每年贡献量甚至高达20个间/夜。因此，华住在2016年加大了对官方App的宣传力度，未来还会进一步完善微信客户端的体验服务。同时，为了更好地保障会员权益，华住还在2016年全面发起了"手机订房，低价保证"活动，并承诺"差价双倍赔付"，以确保会员通过官方APP和微信预订酒店即可获得最优价格。这也是国内酒店集团首次推出类似的赔付承诺。此外，华住APP还有更大的野心，想逐步渗入用户出行和生活的各个场景。会员积分购买机票、在线商城购物等功能，都能进一步提升会员的黏性，并强化直销体系。

（摘自中国报告网，2017年9月21日）

学习目标

1. 掌握会员制营销模式所涵盖的类型；
2. 掌握会员制营销的特征；
3. 能够根据商务连锁酒店产品的性质，制定会员制营销方案。

■ 营销推广（下）

一、会员制营销

商务连锁酒店会员制营销就是酒店通过发展自有会员，利用IT信息化工具，为不同的会员提供差别化服务和精准的营销推广，以达到提高酒店顾客忠诚度、品牌认知度，长期稳定并增加酒店利润的目的。

一般而言，商务连锁酒店会员制的运作模式为：

（一）划分会员等级

（二）明确会员加入方式和费用

（三）确认会员专享优惠

（四）确定积分制

（五）制订会员守则

（六）设计会员卡

（七）管理会员俱乐部

1. 发展会员方式

（1）免费获取，目前主要包括官网免费、注册和微信扫描两种方式。

①官网免费注册：现在大型的商务连锁酒店都有官网，会员只需进入官网免费注册即可；当然，酒店一般都会提醒会员在注册前仔细阅读会员服务条款。

②微信扫描：用户通过微信与好友进行形式上更加丰富的类似于短信、彩信等方式的联系。微信软件本身完全免费，使用任何功能都不会收取费用，微信时产生的上网流量费由网络运营商收取。

（2）采取只收取工本费的形式。

部分酒店企业要求用户在办理会员申请时需交纳工本费，而同时会员卡预订又能得到一定的优惠，所以这部分工本费的费用几乎可以忽略不计。

（3）客人付费购买。

这种类型的会员发展模式，比较适用于实力相对雄厚、规模相对较大、市场影响力较大的酒店品牌，对于普通会员卡，大多可以免费获取，但如果是级别更高的会员卡，就需要客人付费购买。

2. 会员制运作

（1）分类：一般将会员卡进行分类，如注册会员、银卡会员、金卡会员、白金会员等分类。

（2）会员加入方式和费用。

见案例分析4.1。

案例分析4.1：四季青藤酒店的会员加入方式和费用

1. 加入会员方式

（1）会员：在网上免费注册，即可成为E会员。

（2）银牌会员：前台或微小店支付18元即可购买，成为青藤会银牌会员。

（3）金牌会员：前台或微小店支付168元或银牌会员+150元即可购买，成为青藤会金牌会员。

（4）白金会员：不对外销售，入住一定数量的定级间/夜数升级获得或充值相应的金额可获得。

2. 会员升级方式

（1）银牌会员：1年内，E会员本人入住南苑e家、四季青藤酒店、墨憩酒店任一品牌酒店满1个定级间/夜，即可免费升级为银牌会员；

（2）金牌会员：1年内，银牌会员本人入住南苑e家、四季青藤酒店、墨憩酒店任意品牌酒店满20个定级间/夜，即可免费升级为白金会员。

（3）确认会员专享优惠。

见案例分析4.2。

案例分析4.2：四季青藤酒店的会员专享优惠政策

1. 入会礼遇

首次成为青藤会会员，均可免费获得开卡礼包。根据不同的会员等级，相应电子券礼包以及实物礼品有所区别。

2. 生日权益

会员生日当天会员本人可享受南苑e家、四季青藤酒店任一门店全天房当日价5折一间/夜的优惠。

3. 折扣权益

青藤会会员均有权享受房费、餐饮折扣，酒水、海鲜及特价产品除外。房费折扣是酒店前台当日价乘以折扣率，折扣率因会员等级不同而有所区别。餐饮折扣是餐厅、咖啡厅菜单中的餐饮品价格乘以折扣率，折扣率因会员等级不同而有所区别，酒水、海鲜及特价产品除外。

（4）确定积分制。

①积分的计算：

A.设定积分的计算起点，一般根据每次消费金额的大小来设定相应的积分，如以10元为起点设立分值，每10元为1分。

B.会员消费积分与服务项目相结合。如会员购买服务卡可以享有9折或8折优惠，而积分不变。

C.为会员设立一个会员存折。会员的每次消费积分均存在会员存折内。会员在积分达到一定量时，可以随时取出来进行消费。会员也可以积累积分，当存折内的积分达到酒店最高积分档次时，会员将享受由酒店提供的相应丰厚的礼品大奖。

D.会员介绍会员加入，在介绍来的新会员首次消费时，会员可获得新会员消费金额的相应积分。

E.会员存折分为正、副两本，正本由会员本人保管，副本由酒店保管；会员每次消费积分均由收银人员在正、副本上分别填写并盖章确认。

F.会员利用会员存折中的积分进行消费时，当次消费属于免费项目不计入积分，而存折中的积分则根据当次消费的项目金额而进行相应的减法计算。

②积分计算明细：

积分计算日期一般都是从消费之日起，当会员的积分累积达到一定数额可以领取

相应奖品或获取某种优惠时，就会得到通知。会员如果来领取奖品或享受该酒店企业提供的特殊优惠时，积分累积额退为零；如果没有，累计积分继续累计至更高一层的奖品或优惠。

③积分奖励计划：

采取积分制，达到一定积分额就有相应的奖品，需要事先设计一个积分奖励计划。酒店可以根据自己原有的价格体系设置积分奖励比例。运行会员卡联盟的酒店，最低积分奖5%，最高10%；假设积分奖励比例是5%，那么前台价位500元，会员价为490元，会员积分为19.5点，积分可当钱用。

储值2000元可额外获赠200点积分或者30元本店消费额度，会员卡售价20元。

假设积分奖励比例为10%，那可以设计成：前台价500元，会员价380元，会员积分38点，积分当钱用。储值2000元，可额外获赠500点积分或500元本店消费额度，会员卡售价40元。

商务连锁酒店企业要设计成按客人忠诚度的上升台阶做优惠幅度的上升台阶，要做系统化的设计，各个台阶之间应尽可能做到均衡。

④积分获得及奖励办法：

积分获得及奖励办法，需要事先确定并在会员入会前进行解释。

⑤奖品申领办法：

商务连锁酒店会员达到一定积分额可申领奖品，为了对奖品及积分制进行有效管理，也须事先确定奖品申领的方法和程序。

⑥及时公布信息：

如果商务连锁酒店发布信息，如升级、积分兑换等，需要及时向会员发布，尽量保证会员第一时间了解。

（5）制定会员守则。

商务连锁酒店会员守则相当于会员与酒店之间的一份合约，一旦会员申请成为会员就需要遵守该守则。

（6）设计会员卡。

商务连锁酒店在会员卡设计时，一定要考虑与酒店的档次相当，具体要求有以下几点：

①会员卡的形状材质可以参考银行金卡储蓄卡的设计式样或超市会员卡的设计式样。

②会员卡一定要设有专属编号和持卡人姓名。

③会员卡附有会员档案资料和消费记录卡。

④会员卡要求设计精美，具有收藏价值。

（7）会员俱乐部管理。

大型的商务连锁酒店都设有会员俱乐部，会员只需填写"会员俱乐部入会登记表"或"俱乐部会员信息表"即可成为俱乐部会员。

二、实践案例

案例分析4.3：尚客精品商务连锁酒店的新型营销方式

1. 官网营销

（1）在线直销与酒店客户零距离直接联系。

（2）通过创意营销活动，增加会员黏性，吸引更多会员加入酒店企业会员体系。

（3）利用连锁优势，7×24小时会员预订系统为全国各地分店导入客源，并使用各种类型会员卡享受各种折扣，为酒店入住率增长提供有力保障。

2. 酒店商用WIFI

通过商用WIFI可对附近的消费者推送营销信息，可快速搜集消费者信息，方便管理消息者信息数据，为分店及总部带来更为有效的更优质的营销渠道。

商用WIFI可达到消费闭环，覆盖周边消费者并获取消费者信息，精准、细分的商圈人群覆盖，造就极高的转化率。

（1）搜集客户信息—数据收集—微信关注、手机运用。

（2）推送营销信息—营销手段—微信群发、短信群发、线下服务。

（3）产生二次消费—产生效果—经济利益。

3. 线下营销

体系化线下营销推广，提高分店当地知名度。

（1）DM广告：海报、杂志、折页、名片、宣传册、传单、小包装实物；

（2）户外广告：造型、位置、光照、内容、颜色。

4. 营销活动

（1）会员营销：会员生日专享、收获季·预订送999积分等会员营销活动。

（2）节假日活动：根据不同节假日，制订相应的营销方案。

5. 触点媒体营销：多渠道媒体推广、品牌传播更高效

（1）微信：微官网、微会员、微推送、微支付、微活动、微报名、微分享、微名片、微商城等全面逐渐进行微信互动营销。

（2）论坛：网聚资深会员，提高会员活跃度。

（3）口碑：了解消费者个性化需求，为消费者提供更好的产品体验和交互体验。

（4）视频：多维感官刺激，更具深入性，加深客户对企业的整体印象，可充分感受企业全方位文化。

（5）微博：通过官方微博进行信息发布，借助活动、事件、话题等刺激用户和粉丝的情感神经，让用户真正能由内而外地参与到营销活动中来，并通过转发、点评、传播等方式进行互动，有效驱动和激发微博用户之间的信息传播与互动沟通，提升品牌热度，最终带动线下分店关注度。

6. 自由媒体营销

双向互动、打开营销新局面，具体内容包括：微信平台、手机APP、官方微博。

7. 第三方预订渠道

与携程、去哪儿等第三方预订平台强强联合，酒店客源一网打尽。

（1）酒店OTT渠道：去哪儿、酷讯、到到网。

（2）手机客户端：商务连锁酒店管家、有间房、百度地图。

（3）酒店OTA渠道：携程、同程、艺龙。

（4）酒店团购渠道：美团、糯米（百度糯米）、拉手网。

考核指南

基础知识部分：

1. 会员制营销模式分类；

2. 会员制营销模式特点。

实践操作部分：

根据商务连锁酒店产品性质，制定一套相应的会员制营销方案。

习题

1. 会员制营销也是商务连锁酒店常见的一种营销方式，其中下列哪一项不属于会员发展方式？（　　　）

    A.免费获取   B.收取工本费

    C.付费购买   D.批发销售

2. 四季青藤酒店的会员分类包括如下选项，除（　　　）以外。

    A.E会员   B.金卡会员

    C.白金卡会员   D.绿卡会员

3. 尚客精品酒店的新型营销方式包括如下选项，除（　　　）以外。

    A.官网   B.商用WIFI

    C.产品营销   D.触点媒体营销

4. 第三方预订渠道中，酒店OTT渠道包括如下选项，除（　　　）以外。

    A.去哪儿   B.艺龙

    C.酷讯   D.到到网

5. 第三方预订渠道中，酒店团购渠道包括如下选项，除（　　　）以外。

    A.美团   B.糯米

    C.拉手网   D.拼多多

专题四　加盟管理（上）

案例导入：华住遭加盟商集体"反水"

华住集团在发布2015年财报时表示，在2015年新净增的768家酒店中，99%都是在加盟及特许的模式下管理的。华住酒店集团创始人、董事长季琦曾透露，2016年华住将继续扩充750至800家酒店，加盟和特许店仍是重点。

酒店加盟商全国联合会筹备委员会主任刘星星向记者表示"长此以往，无论是老加盟商还是新加盟商利益将受到更严重的损害"。

对此，华住酒店集团向记者表示，过去两年，在门店布局密度、近距离门店定价问题上，的确存在一些过密过近的问题，随着市场和经济形势的进一步变化，这个问题逐步显得紧迫而突出。为此，集团决定自今年4月起执行最新的近距离门店布点限制政策和价格预警监控政策。此外，华住方面还表示，今年集团将继续扩充750~800家酒店，但是20%新增酒店将为中高档品牌，经济型酒店的增长将放缓。

除了近距离开店导致加盟商盈利受损外，华住酒店集团的封闭型旱涝保收的管理机制也是引发加盟商不满的主要原因。

一华住北京加盟商向记者表示，"华住管理费相当于抽取店铺流水12%~15%，即华住不对加盟商的利润负责，所以加盟商做多少业绩，华住都是旱涝保收"。此外，该加盟商表示，酒店日常运营自己完全没有话语权，华住指派的店长同时管理多家店，在制定预算时从未考虑过加盟商的利益。

记者在酒店加盟商全国联合会草拟的诉求书上看到，联合会希望华住集团制定与加盟商各自的管理职责与权限，加盟店管理和直营店采取同样的管理模式，采用利润绩效机制等。此外，还希望华住按过夜入住率波段收取管理费，过夜入住率达不到标准的店面取消管理费，达到标准方可按约定比例收取管理费。

针对此问题，华住酒店集团向记者表示，在每一个加盟项目立项之前，华住都会对相关项目的未来营收做出预估，但并不承诺加盟商的投资回报，也不参与加盟商的利润分成。不过，华住会综合考虑每家酒店的经营情况和市场环境，在遵守契约精神的前提下，对一些存在阶段性经营困难的门店给予政策扶持。

（摘自搜狐·新闻，2016年4月22日）

学习目标

■ 加盟管理（上）

1.了解商务连锁酒店特许经营的操作流程及要点；

2.掌握商务连锁酒店特许加盟招募流程及要点。

一、特许经营认知

（一）特许经营概念

特许经营有两种经营形式：一是品牌或贸易名称特许经营；二是经营模式特许经营。对商务连锁酒店集团来说，特许经营是一种有效的、低成本的集团扩张和品牌输出方式，特点是以品牌为核心迅速扩张并提供一致性的服务。

（二）特许经营的操作流程

（1）门店装修。

（2）人员招聘。

（3）初期培训。

（4）日常经营。

（5）取得特许商的支持。

（6）处理好与特许商的关系。

（7）正确对待特许商的监管。

（8）处理加盟商与特许商纠纷。

（三）特许经营的关键点

1. 商标

产品商标、商店字号和服务字号，是一种可以明确描述的自然人或法人的产品或服务的标志。无论是何种类型的特许经营，商标都是构成特许经营的基本因素，是其体系的基石。

特许经营协议签字之后，特许商便把商标给加盟商使用，且担负严格维护该商标形象和声誉的义务。

2. 特殊技能

特殊技能是现代特许经营的重要组成部分。欧盟曾给特殊技能下过定义，即必须是秘密的、实质的和可鉴别的。即特殊技能具有独创性，对加盟商有用，能为其带来利益，并能用一种确切的方式描述下来，以证明它能满足保密性和实质性的条件。

3. 经营模式

特许商不仅提供商标、特殊技能，而且还提供一整套营销和管理的系统，包括培训、店址选择、行为规范、财务制度等。

（四）特许人提供支持的项目

1. 培训计划

总部对所有加盟店进行全面系统的培训，包括沟通、招聘、领导风格、预结营业额、时间管理、促销活动安排、解决客人投诉、成本控制、财务管理、工时控制、营运值班、人员管理、礼节礼仪、清洁消毒、安全保卫等。

2. 管理支持

在加盟店开业后，总部将派人对加盟店在价格、硬件设施、服务水平、卫生指标方面进一步监察与督导，并给予必要的现场支持。定期在企业总部开展有针对性的培训、研讨、借鉴、沟通活动，召开加盟者年度会议，以交流经验、策划促销活动、新的政策等。

3. 督查制度

设立总部督查制度，对加盟店所有经营成果进行总体评价，定期上报总部，作为总部对加盟店的评分标准。同时协助营运部门促使公司加盟体系内所有加盟店执行完全统一的品质、成本等方面的控制。

4. 广告促销

在全国性的各大电视台（中央电视台、省级电视台等）和知名的全国性报刊推出一流的广告宣传，并定期在各地区的特许加盟店举办各种促销活动和发放各种宣传品，确保特许加盟店的业绩增长。

（四）特许商成功的要素

特许商成功的8个要素：品牌及专有技术，加盟发展战略，样板店，加盟商招募，核心文本，培训、指导支持，加盟费用体系，加盟店监控。

1. 品牌及专有技术

作为特许方，要扩大加盟体系，必须拥有较高知名度的商标，并且需要拥有可传授的专有技术。在加盟店开业之前，加盟商应具有可以完全准确复制特许商经营模式的详尽资料，包括可使加盟商经营盈利的技术方法和流程管理，这些是特许商的经验结晶和样板店实践结果，称之为专有技术。

2. 样板店

样板店的基本作用：验证将要传授给整个特许经营体系的经营模式是否可行，并对需要改进的地方加以修改。同时，样板店还在不同阶段起着稳固经营的重要作用，如充当新加盟商的培训中心，作为新经营体系、新产品和新服务的试验室等。所以，在不同情况下试验的样板店数量越多，时间越长，加盟商承担失败的风险就越小。

3. 核心文本

特许商在开展特许经营业务之前应事先进行核心文本的准备：特许经营合同、向潜在加盟商提供公开文件、特许经营宣传手册，以及作为专有技术传授的特许经营运作手册（包括质量管理手册、关系管理手册、产品管理手册和流程管理手册）、VI/CI设计手册、加盟店营建手册等。

4. 加盟费用体系

具体可包括：加盟费、广告宣传费、特许权使用费等内容。

5. 加盟发展战略

可采用零散饭店、区域型地毯式轰炸的集中开店战略或其他战略，以达到不同的发展目标。

6. 加盟商招募

选择有一定积极主动性的加盟商加入，这些加盟商可以通过自己的经验和市场知识，担负日常经营中的责任，但以不使特许商传播的经营模式遭受损害为基础。所以，确定最合适的加盟商类型、设定甄选标准是所有特许商事先必须要确定的事情。

7. 培训、指导支持

一旦完成了加盟商的选择，便应着手开始对加盟商的支持和指导，即初期培训，包括经营理论到实践的培训和开业期间的现场指导。

对加盟商的培训不应只是开业前和开业期间的初期培训，还要有为适应日常经营中千变万化的市场需要而进行的经营方式修改和更新的培训，我们称之为"继续培训"。

另外，除培训之外，特许商在加盟商遇到问题时应提供真实经验的支持以解决问题，更应帮助他们避免问题的发生。

8. 加盟店监控

为了使加盟店经营成功，一个关键要素就是对加盟店实施严格的监督和管理。对经营网络的控制，如加盟店检查、安排神秘客人等。与其说是特许商的义务还不如说是他的权利。这将对保证整个特许经营系统的必要水平及改进具有非常的意义；而且特许商可以通过监督和管理，验证加盟商是否已真正掌握企业的经营方针，按照自己传授的基本经营条款开展经营，以避免出现影响品牌声誉的情况。

二、特许加盟招募

（一）特许加盟流程

1. 媒体宣传，传递信息

以不同的媒体或方式将招募加盟店的开发地点及基本信息传递给有意加盟者及潜在加盟者。

2. 回应电话或传真

设专线电话或传真号码，以供有兴趣加盟的人索取资料，并备有书面或口述材料，由专人提供解答，但一般都是仅就初步加盟状况做解说。

3. 提供基本加盟资料

如果加盟者符合基本要求，一般会提供较完整的书面资料以供参考，同时会要求与加盟者约谈，或出席连锁加盟企业的说明会。经过初步过滤的有意加盟者，可以由邮寄方式获得完整的书面资料，甚至包括加盟申请书。

4. 约谈审核

约谈方式有：个别约谈、团体座谈，甚至包括模范门店参观。

正式约谈的重点，除了观察、了解加盟者的理念及状况外，最重要的就是使加盟者认清相关的权利和义务。

5. 签订加盟预约

"加盟预约"的签订可以确保准加盟者不被同行抢夺。

6. 加盟店地点评估

开店的地点对经营成败有决定性的影响，立地环境与连锁业者有着密切的关系。加盟店的成败，会影响到整个加盟系统的形象，但加盟店的营运成功与否，加盟店地点也是关键条件，所以在正式签约之前，一次或者多次到加盟店评估地点，是必要的措施。加盟店的地点评估包括专业的商圈评估，各时段人口流程的差异性、竞争对手状况、消费者及人口分布与结构、交通状况、未来趋势等因素。

7. 审查加盟店主财力及其他条件

一个优良的门店必须考虑门店本身、门店地点、资金、商品、人员五个条件。而加盟店主对财力及其他条件也必须一并考虑，但通常是以财务状况为主，除一般财务条件审核外，有时也包括贷款及财务周转能力的审查。

8. 事业经营计划的制订与沟通

（1）人力安排及运用。

国内的加盟店人员安排与管理，除了个别公司的特殊关系外，大都由加盟店自行负责，加盟总部只负责招募的辅导及加盟店人员的训练，但会提供一套完整的安排程序给加盟店主参考，并定期给予辅导。

（2）资金的安排及应用。

加盟店的财务与总部基本上是分不开的，除了部分加盟店的收入必须先汇回公司，再由公司汇入加盟店账户中，加盟店大都是独立的财务个体。

9. 正式签约

在签约条款中，对加盟店与连锁加盟企业总部之间的权利和义务条件，必须经过认定签署。

10. 加盟店主对相关员工的培训

一般可分为对加盟店所做的店主训练以及对加盟店所做的员工培训两种。

（二）加盟店操作规程

（1）加盟者申请。

（2）资格审查。

（3）现场观摩。

（4）加盟费用。

（5）签订协议书。

（6）店址选择。

（7）现场培训。

（8）颁发授权书。

（9）开业准备。

（10）正式开业。

（三）加盟手册

加盟手册是特许经营总部开展加盟业务的主要流程指南和实际操作规程，是指导相关工作人员开展工作的重要参考资料。

加盟手册的内容一般包括：

（1）公司简介及经营理念。

（2）选择本企业将得到的益处或理由。

（3）特许加盟的条件。

（4）特许加盟的费用。

（5）加盟的模拟收益。

（6）特许加盟的选址标准。

（7）特许加盟的流程。

（四）加盟申请表

加盟申请表的填写是对加盟者资格审查的最好方式，也是保证双方合作成功和愉快的前提工作。加盟申请表是特许商了解加盟者的一种书面方式，也是对加盟者的一种要求，更大程度上是在以后的合作中，对加盟者会有更为深入的了解以及更加满意的合作。

专题五　**加盟管理（下）**

案例导入：

经济型酒店加盟商谋转型：中端酒店品牌成香饽饽

近年来随着互联网时代消费升级，加上以Airbnb、途家、小猪短租等为代表的民宿的兴起，很大程度上冲击了传统酒店行业。因此，在经济型酒店领域将率先用资本手段进行整合，以控制规模、提升投资回报率。

2017年12月14日，上海黄浦江边的西岸艺术中心，一万平方米面积的艺术中心人头攒动，像是在举办一个大型展会那样热闹。实际上，这只是华住酒店集团旗下各个酒店品牌及其供应商的展示大会。

"今天到场参会的人数超过2000人，是我们举办世界大会四年来人数最多的一次。"华住酒店集团董事长季琦笑盈盈地表示，这场旨在给华住加盟商与供应商交流与沟通的平台火爆程度显示华住市场趋好，而华住也向其整个生态体系的合作伙伴提供了超过十七种不同等级定位的酒店品牌选择。

"我在考虑，是否要考虑从汉庭转向全季酒店。"拥有三家经济型酒店的扬州一位加盟商吴招贵逛完全场，对21世纪经济报道记者表示，现在做经济型酒店不好赚钱了，必须适时升级，"时势催人变"。

怀有和吴招贵一样想法的加盟商不在少数。随着获取物业的成本越来越贵，以及人工等管理成本的攀升，不少经济型酒店的加盟商们考虑向中端酒店品牌升级迈进，整个中低端酒店市场正在酝酿新的变革。"有两个趋势是值得关注的。"中国旅游研究院院长戴斌认为，一方面经济型酒店市场会趋向规模化发展，从而使并购增多，集中度加强，另一方面市场更加细分，会诞生各种新创品牌。

（摘自21世纪经济报道·网易房产，2017年12月15日）

学习目标

掌握商务连锁酒店特许经营加盟流程及要点。

■加盟管理（下）

一、特许经营加盟

（一）准加盟阶段

1. 准加盟商阶段的操作流程

（1）初步接触特许企业总部。

（2）考察特许品牌的加盟店。

（3）与意向品牌正式洽谈加盟，获得合同及信息披露文本。

（4）最终的品牌分析与选择。

（5）达成加盟意向，签订"意向加盟协议"。

（6）商圈调查、门店地址。

（7）租售商铺、工商注册、税务登记、银行开户，获得经营主体资格。

（8）以经营主体身份与特许商签订"特许经营合同"。

（9）交纳加盟费、保证金等特许经营费用。

2. 选择连锁品牌关键点

（1）知名度：选择一个成熟且有名的加盟店品牌，可以较大地降低投资风险。

（2）企业文化：一方面，企业文化作为企业的灵魂，是企业发展的动力和源泉，所以选择良好的企业文化至关重要；另一方面，要考察该企业的企业文化是否与加盟者的理念一致。

（3）经营管理：连锁加盟的总部需要具备足够的经营管理能力，包括商圈经营、广告宣传、人员招募和管理、财务规划与运作等。

（4）广告投入：广告的投入及实施是加盟总部综合实力的体现，有实力的总部端，为了进一步开拓市场、配合加盟店的推广，往往会在各个层面的电视媒体、门户网站及各种重要的平面媒体上进行强势投入，同时在各个区域进行精耕细作。总部端统一的广告投入，是加盟商考察的关键。

（5）正确引导：优秀的品牌会对加盟商做出一个全面的评价，给出一个客观、有效的投资回收期及投资利润率。

（6）系统培训：成熟的加盟系统，都会有一套完整的加盟企划、管理制度、运营手册、培训手册和稳定规范的供货渠道等。优秀的品牌会有一套完善和有效的培训体系，为加盟商扫清障碍。

（7）前期服务：优秀的总部端有能力为加盟商出谋划策，选定合适地段，以保证加盟店的客流量，为加盟店未来的经营奠定基础。

（8）后续服务：优秀的总部端会通过定期或不定期的巡察方式来关注加盟店的运营情况，并通过巡察收集更多的市场信息，并统一采取策略，以提升加盟店的竞争力。

（9）控制规模：优秀的总部端会控制连锁布点的密度。合理的连锁布点方案会保障各加盟店的最大利益及品牌的最优发展路径。

（10）团队用心：优秀的总部端会根据不断变化的市场环境采取不同的发展模式，从而具备商品开发的应变能力，使得加盟店具有可持续的生存及发展能力。

3. 商圈调查内容

（1）所谓商圈，是指以店铺坐落点为圆心，向外延伸一定距离，以此距离为半径构成的一个圆形消费圈。

（2）门店商圈的考察内容包括：

①人口规模和特征：人口的数量和密度、年龄分布、文化水平、职业分布、人口变化趋势、人均可支配收入、消费习惯。

②城市结构、交通、地形。

③商业结构：销售动态、零售商店的种类和经营方式、竞争的饱和度情况分析。

4. 商圈调查技巧

（1）利用行人评估商圈：通过对人流的估计可以帮助店址选择。

（2）探查竞争对手情况：对本店和周边的酒店进行深入分析，判断两者是否会因商品功能相同、距离过近产生负面竞争，或者会彼此通过合作增加区域的整体竞争力。

（3）选址需要考虑几个因素：目标店址周边客流量、商圈环境、门店的租赁成本、周边的竞争情况。

5. 投资加盟店注意事项

（1）加盟店的成功率：考察统一系统加盟店的经营状况。

（2）加盟店的加入门槛：考察加入门槛的高低情况，加入要求是否科学合理。

（3）加盟店的管理系统：考察加盟系统是否能提供具体有效的加盟企划、前期培训、在职培训、完善的管理系统和后援机制、详细规范的业务操作手册、稳定规范的供货系统等要素。

（4）直接与总公司联系：避免通过第三者签署任何文件，从而获得应有的权利和待遇。

（5）加盟费用的合理性：通过品牌知名度、管理系统的健全性、所能提供的硬件和软件支持以及投资回报率等参考要素来判断加盟费用的合理性。

（二）意向加盟阶段

1. 心理准备

调整好投资加盟的心态。

2. 业务准备

从目标行业中筛选需进一步深入考察的品牌。

3. 信息来源

（1）特许经营专业展会。

（2）商务主管部门网站公布已备案特许经营企业名单。

（3）中国连锁经营协会。

（4）特许品牌的连锁店。

（5）特许品牌的广告宣传。

（6）互联网。

4. 优秀的加盟商应具备的条件

（1）充足的资金准备。

（2）具备经营管理经验和能力。

（3）较强的学习和执行能力。

（4）良好的人际交往能力。

（5）严格遵循加盟总部特许体系运作。

（6）按加盟总部的经营手册，加强并不断改善经营过程管理。

（三）正式加盟阶段

1. 正式加盟流程

加盟流程见图4.8。

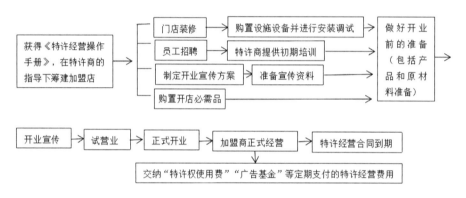

图4.8　加盟流程

2. 门店装修

在门店装修方面，通常加盟创业要比独立创业轻松省事。一般而言，加盟店的装修如何操作，特许总部端都会有明确的规定，加盟商只需按照合同约定或相关规定实施即可。

3. 人员招聘

与门店装修必须同步进行的准备工作是员工招聘，这项工作必须要在试营业前至少一个月完成，为员工的开业前培训留下充足的时间。

4. 初期培训

第一阶段的培训：具体包括企业文化、基本情况、服务知识、服务质量管理、岗位职责及操作、工作流程及规章制度、管理人员技能培训以及职业道德与素质教育培训等内容。

第二阶段的培训：主要在开业指导阶段进行，一般是特许商派出有经验的专业人员到新开业的加盟店进行现场指导培训。

5. 日常经营

特许经营操作手册是特许商传授给加盟商相关运营管理各类标准、规范、技巧、流程、专有技术的系列文本。

6. 取得特许商的支持

（1）参加持续的培训。

（2）与特许商积极配合，以获得及时的帮助。

（3）参与体系内店铺的良性竞争。

7. 处理好与特许商的关系

处理好双方的关系，及时处理出现的冲突纠纷，并采取协商的方式进行处理。

加盟商在处理与特许商的关系时，需要注意几点：

（1）摆正位置。

（2）按合同约定交纳特许经营费用。

（3）实现有效沟通。

8. 正确对待特许商的监管

对加盟商进行监管是特许商的义务，更是权利，是维护整个特许体系的经营水平的最好方法之一。特许商对加盟商的监管方式包括：督导定期检查、神秘客人检查以及其他监管手段。

9. 加盟商与特许商纠纷处理

加盟商应多与特许商各层面人员进行沟通，不能碰到任何问题都诉之特许层高层，消极对抗乃至通过法律途径解决，若纠纷难以避免，可采用情感共鸣的方式降低纠纷程度，这是维护加盟商与特许商长久利益的良方。

（四）续约与合同中止

1. 合同的展期与中止

特许商对加盟商可以行使中止合同的权利来纠正加盟商的违约现象，其中的措施之一就是允许加盟商延长合同期限的要求以及禁止特许商随意终止合同的权利。

特许商的特许经营制度的建立是以花费大量的时间、精力、资本为代价的，为了保护其特许经营的信誉，保护特许商及其他加盟商、消费者的利益，特许商在一定情况下可以对加盟商不延展合同期限或中止合同。

而加盟商也会在合同条款中对双方关系进行深入的约定并提出一定的限制，从而避免部分特许商权利的变相扩大及滥用。

不展期：指合同期满时，特许商不同意与加盟商继续保持合同关系；中止合同：指在合同期间包括展期在内，特许商要求立即结束双方之间的合同关系。

2. 中途解约

一般而言，如果是因为特许商方面的原因导致提前解约，则特许商应承担相应的责任；如果是加盟商的原因导致提前解约，那么加盟商可能要承担以下风险和责任：

（1）承担加盟费的损失。

（2）承担软件和硬件设备投资的损失。

（3）承担处理库存货品造成的损失。

（4）结清与特许商、供货商的财务往来关系。

（5）承担客户后续服务成本。

（6）承担特许合同中约定的相应违约责任。

考核指南

基础知识部分：

1. 商务连锁酒店特许经营的操作流程及要点；
2. 商务连锁酒店特许加盟招募流程及要点；
3. 商务连锁酒店特许经营加盟流程及要点。

习题

1. 特许经营中，特许人可以提供的支持项目包括下列选项，除（　　　）以外。

   A.培训计划　　　　　　　　　　　B.管理支持

   C.督查制度　　　　　　　　　　　D.人员招聘

2. 特许商成功的要素包括以下几个因素，除（　　　）以外。

   A.品牌及专有技术　　　　　　　　B.样板店

   C.核心文本　　　　　　　　　　　D.特许人个人魅力

3. 以下几个选项属于特许加盟流程内容，除（　　　）以外。

   A.媒体宣传，传递信息　　　　　　B.回应电话或传真

   C.联合营销　　　　　　　　　　　D.约谈审核

4. 以下哪一项不属于加盟手册的内容？（　　　）

   A.公司简介及经营理念　　　　　　B.加盟公司资格

   C.特许加盟条件　　　　　　　　　D.特许加盟流程

5. （　　　）的填写是对加盟者资格审查最好的方式。

   A.加盟申请表　　　　　　　　　　B.加盟审核表

   C.加盟手册　　　　　　　　　　　D.加盟协议

6. 在进行加盟申请时，选择连锁品牌的关键点包括如下因素，除（　　　）以外。

   A.知名度　　　　　　　　　　　　B.企业文化

   C.广告投入　　　　　　　　　　　D.盈利现状

7. 门店商圈的考察内容包括如下因素，除（　　　）以外。

   A.人口规模和特征　　　　　　　　B.城市结构和交通

   C.商业结构和地段　　　　　　　　D.气候环境和交通

8. 意向加盟时的信息来源包括以下因素，除（　　　）以外。

   A.特许经营专业展会　　　　　　　B.中国连锁经营协会

   C.互联网　　　　　　　　　　　　D.报纸广告

9. 优秀的加盟商应具备的条件如下，除（　　　）以外。

   A.充足的资金准备　　　　　　　　B.具备经营管理经验和能力

   C.良好的人际交往能力　　　　　　D.强烈的创新思维能力

10. 若中途解约，加盟商需要承担如下责任，除（　　　）以外。

A.加盟费损失

B.软件和硬件设备损失

C.库存货物造成损失

D.员工薪酬损失

第四章习题
参考答案

图书在版编目（CIP）数据

商务连锁酒店运营与管理 / 徐春红，唐建宁编著. — 杭州：浙江大学出版社，2020.6
ISBN 978-7-308-20122-3

Ⅰ．①商… Ⅱ．①徐… ②唐… Ⅲ．①饭店—运营管理—教材 Ⅳ．①F719.2

中国版本图书馆CIP数据核字（2020）第049696号

商务连锁酒店运营与管理

徐春红　唐建宁　编著

责任编辑	李　晨
责任校对	高士吟　陈　欣
封面设计	春天书装
出版发行	浙江大学出版社
	（杭州市天目山路148号　　邮政编码　310007）
	（网址：http://www.zjupress.com）
排　　版	杭州林智广告有限公司
印　　刷	杭州高腾印务有限公司
开　　本	787mm×1092mm　1/16
印　　张	14
字　　数	320千
版 印 次	2020年6月第1版　2020年6月第1次印刷
书　　号	ISBN 978-7-308-20122-3
定　　价	45.00元
